国家自然科学基金项目

"业绩考核与激励、管理者 特征对国有企业研发投资的影响研究" （71962028）

经济增加值考核与激励、管理者特征与国有企业研发投资研究

郝 婷◎著

RESEARCH ON ECONOMIC VALUE ADDED PERFORMANCE ASSESSMENT AND INCENTIVE,MANAGERIAL CHARACTERISTICS AND R&D INVESTMENT OF STATE–OWNED ENTERPRISES

经济管理出版社
ECONOMY & MANAGEMENT PUBLISHING HOUSE

图书在版编目（CIP）数据

经济增加值考核与激励、管理者特征与国有企业研发投资研究/郝婷著．—北京：经济管理出版社，2023.9

ISBN 978-7-5096-9273-8

I. ①经⋯　Ⅱ. ①郝⋯　Ⅲ. ①国有企业—技术开发—投资行为—研究—中国　Ⅳ. ①F279.241

中国国家版本馆 CIP 数据核字（2023）第 179503 号

组稿编辑：丁慧敏
责任编辑：丁慧敏
责任印制：许　艳

出版发行：经济管理出版社
　　　　　（北京市海淀区北蜂窝 8 号中雅大厦 A 座 11 层　100038）
网　　址：www.E-mp.com.cn
电　　话：（010）51915602
印　　刷：北京晨旭印刷厂
经　　销：新华书店
开　　本：720mm×1000mm/16
印　　张：12.5
字　　数：201 千字
版　　次：2023 年 10 月第 1 版　　2023 年 10 月第 1 次印刷
书　　号：ISBN 978-7-5096-9273-8
定　　价：98.00 元

前　言

　　我国创新驱动战略的实施、创新型国家的建设依赖于企业研发（R&D）投资。国有企业，特别是中央国有企业，在国民经济中占据举足轻重的地位，其创新能力直接影响我国产业结构的优化和经济的可持续发展。然而，国有企业研发投资长期处于较低水平，如何激励国有企业加大研发投资显得尤为重要。作为企业战略的具体决策者，高管在企业研发投资中起主导作用。由于研发投资投入高、风险大、周期长的天然属性，加之国有企业严重的委托代理问题并不利于研发投资考核与激励机制的实施，管理者出于自利考量，缺乏进行研发投资的内在动力，短视行为屡见不鲜。根据委托代理理论，合理的激励约束机制可以在一定程度上将股东和管理层的利益捆绑，抑制管理者短视行为。而核心业绩评价指标的选择是制定业绩评价体系的关键，直接决定激励的有效性。

　　自2010年起，国务院国资委推行以EVA为主要考核指标的《中央企业负责人经营业绩考核办法》，并将考核结果与中央企负责人薪酬、任免挂钩。该办法旨在引导中央企业管理层将经营理念从利润导向转变为价值导向，改变投资决策行为，避免短期行为并注重企业的可持续发展。在计算EVA指标时涉及的为数不多的会计调整项目就包含了研究与开发调整项，可见EVA考核十分重视影响企业未来长期发展的因素，预以促进国有企业创新。

那么，EVA 考核对国有企业高管研发投资的激励效果如何？不同特征的管理者在 EVA 考核的约束与激励下对研发投资的行为选择是否会有所不同？EVA 考核制度与已有的管理层激励约束机制存在怎样的互补或替代关系？这些问题是理论界和实务界普遍关注的问题，也是 EVA 考核进一步广泛、深入推行所必须要回答的问题。因此，本书主要从理论层面和实证层面对上述问题进行探讨和研究。

本书是在笔者主持的国家自然科学基金项目"业绩考核与激励、管理者特征对国有企业研发投资的影响研究"（71962028）资助下完成的。全书共分为七章，第 1 章详细介绍了研究的背景和意义，对书中提及的核心概念进行了界定，并总结了本书所使用的研究方法和研究框架。第 2 章在对技术创新理论、委托代理理论、企业激励理论和高层梯队理论进行介绍的基础上，分别就 EVA 考核、管理层激励、管理者特征对研发投资影响的相关文献进行了梳理，指出现有研究存在的不足。第 3 章是对国有企业绩效改革制度背景的整理，并结合理论和文献深入剖析国有企业研发投资不足的原因以及 EVA 考核指标对研发投资的促进作用。第 4 章至第 6 章通过理论分析和实证检验分别探讨了 EVA 考核对研发投资的影响，EVA 考核、管理者特征与研发投资的关系以及 EVA 考核、管理层激励与研发投资的关系。第 7 章为全书的总结、政策建议以及研究的不足和展望。希望本书的研究能在理论层面和实践层面为读者提供一定的借鉴。

感谢在本书撰写过程中给予笔者帮助、批评和建议的同仁。由于笔者的学术水平和研究经历有限，书中难免存在一些疏误，敬请各位专家和读者给予批评和斧正。

郝婷

2023 年 7 月 2 日，包头

目　录

第1章 绪论

1.1 选题背景和研究意义

1.1.1 选题背景及问题的提出

2016 年，习近平总书记在全国科技创新大会、两院院士大会、中国科协第九次全国代表大会上明确指出，创新始终是一个国家、一个民族发展的重要力量，也始终是推动人类社会进步的重要力量，必须把创新摆在国家发展全局的核心位置。不可否认，在当前全球经济由工业经济向知识经济迈进的过程中，科学技术的迅猛发展以及工业结构的快速变化使得越来越多的人意识到，在经济全球化的进程中，科技创新已经成为一个国家取得长期竞争优势的不二选择[1]。大部分工业化国家都是通过发展并生产高技术含量的先进产品来获取它们的竞争优势的[2]。以美国为例，其在 1909~1949 年（40 年）的发展历程中，国民生产总值提高了一倍，而这其中仅科技进步对经济增长的贡献率就高达 87.5%[3]。20 世纪 90 年代，发达国家科技进步对经济增长的贡献率基本维持在 60%~80%的水平[4]，而我国 2001 年的科技进步贡献率仅为 39%。根据中国科学技术发展战略研究院发布的《国家创新指数报告 2015》，2015 年我国的科技进步贡献率已经显著提高到了 54.2%，但与发达国家还有一定差距。面对动荡的外部环境和激烈的竞争压力，知识和技术的培育是确保国家在未来国际舞台上竞争地位的必然选择。

改革开放 40 多年来，市场经济带来的竞争环境以及私有化改革使得中国经济得到了突飞猛进的发展，逐步成为世界经济的重要成员，但中国经济发展长期依赖廉价劳动力和珍贵资源，与这样不可持续的发展相伴的是各种负面影响。中国政府与时俱进，在 20 世纪中期开始相继出台各种鼓励创新发展的政策、文件。1999 年发布中共中央、国务院《关于加强技术创新、发展高技术、实现产业化的决定》，以激活现有科技资源，全面推动科学技术进步，加速经济跨越式发展，实现"科学技术是第一生产力"，提高我国的综合实力和国际竞争力。随着中国加入世界贸易组织（WTO），国家对知识产权保护进一步加强，良好的科技创新体制和环境是滋养创新活动的必要保障。早在 2006 年中国国务院就颁布了《国家中长期科学和技术发展规划纲要（2006—2020）》，明确指出，要用 15 年时间进入创新型国家行列，力争到 2020 年，全社会研究开发投入占国内生产总值的比重提高到 2.5%以上，力争科技进步贡献率达到 60%以上，对外技术依存度降低到 30%以下，并确定了企业技术创新作为国家科技体制改革与创新体系建设的主体地位。党的十八大更强调要"坚持走中国特色的自主创新道路、实施创新驱动发展战略"，要使经济发展方式由原来的要素驱动、投资驱动转变为创新驱动。建设创新型国家是我国"十二五"规划期间的重大发展战略，以研究"十三五"规划建议为主要议题的中共十八届五中全会将创新对中国发展的重要性提到了前所未有的高度，明确要求"必须把创新摆在国家发展全局的核心位置"。2016 年中共中央、国务院颁布了《国家创新驱动发展战略纲要》，明确了我国科技事业发展新的目标，即到2020 年进入创新型国家行列，到 2030 年跻身创新型国家前列，到 2050 年建成世界科技创新强国。

由此可见国家对创新的重视程度，并且我国对创新的扶持力度也一直在加强，出台了完善研发费用加计扣除等税收优惠政策、取消和下放行政审批事项等一系列政策。在这些鼓励政策的作用下，我国的创新能力显著提升。根据中国科学技术发展战略研究院发布的《国家创新指数报告 2015》，2015 年在世界40 个主要国家中，中国的国家创新指数得分为 68.6，排第 18 位，比 2000 年提升了 20 位。这样的成果与我国不断地加大研究与开发（R&D）投入息息相关。近些年来，中国的 R&D 投入经费规模逐年增长，从 2000 年的不足千亿元稳步提升到 2014 年的 1.3 万亿元，保持平均年增幅 20% 以上；就 R&D 投入强度（R&D 投入与当年国内生产总值 GDP 的比值）而言，2002 年首次突破了发展中国家 1% 这一标尺并且于 2013 年翻了一番，达到 2.01%，这一水平甚至略高于欧盟当时的 28 个成员国（EU-28）的平均水平[5]。

推动企业技术创新是实施创新驱动发展战略工作的重中之重，企业技术创新活动是其能够在不断变换的外部环境中生存和发展的重要保证，而研究与开发活动是实现企业技术创新的重要途径[6]。内生增长理论认为，内生的科技创新是保障经济持续增长的决定性因素，而技术进步则源于 R&D 活动中人力及资本的投入。据资料统计，世界 500 强企业用于 R&D 的支出占全球 R&D 总支出的 65% 以上，平均每个企业的 R&D 支出占其销售额的 10%~20%。R&D 投入是企业技术进步的源泉，也是提高企业生产率的重要驱动因素，有研究发现，在发达国家企业创造的 50% 以上的价值都源于技术创新，而这些技术创新正是 R&D 投入的结果[7]。但非常遗憾，企业创新仍是我国建设创新型国家的短板之一，根据《2014 年全国科技经费投入统计公报》数据，全国规模以上工业企业 R&D 经费投资强度（研发投资经费占主营业务收入的比重）2014 年仅为 0.84%，而国外企业 R&D 投资强度一般为 3%~5%，某些高技术企业甚至超过 10%。

提高企业 R&D 投入是提升企业创新能力的关键因素，但基于我国企业 R&D 投入严重不足的现状，学术界和实务界对此展开深入的研究并逐渐觉察到，企业怠于进行创新活动的根本原因之一是现代企业制度所带来的代理问题[8-9]。委托代理理论认为，激励约束机制是缓解代理问题、避免管理者短视行为的主要方式[10]。各企业都想方设法激励自己的经理们积极进行 R&D 活动，并进行有效的资源配置[11]，然而往往事与愿违，R&D 活动与生俱来的特质如高度不确定性和巨大的信息不对称性使其常常陷入不道德的代理问题当中，难以摆脱困扰[12-14]。企业所有者很难找到一种能够缓解代理问题、激励经理人进行 R&D 活动的方法。Rogerson（1997）[15] 认为合理的绩效评价是鼓励经理人提高资金使用效率的前提，而选择一个核心的绩效评价指标则是制定绩效评价方案的关键，经济增加值（EVA）这一绩效评价指标可以有效激励企业进行有利于提高企业价值的投资活动。

国有企业在中国的国民经济中占据举足轻重的地位，掌握着重要的资源，享受到许多扶持和优惠政策，因此，国有企业的发展关乎国家经济发展[16]。与此同时，国有企业由于所有者缺位和内部人控制而面临的代理问题尤为突出，尽管近年来国有企业开展了很多改革措施，诸多问题仍然没有得到解决，例如不能集中做好主业、盲目扩张、投资低效率的项目以及注重短期利益而忽视企业长远发展等。其中一方面表现为很多国有企业只注重短期效益而忽略了企业的可持续价值创造，突出表现为不积极进行科技研发活动。诚然，削减研发投资在短期内有利于业绩考核，但这样并不利于企业核心竞争力的提升和长远发展，更与我国实施创新型国家发展战略相违背。

为了缓解国有企业固有的代理问题，2010 年国务院国有资产监督管理委员会（简称"国资委"）开始正式全面推行经济增加值（Economic Value

Added，EVA）考核办法，将考核结果与中央企业负责人薪酬、任免直接挂钩，在 2019 年新修订的考核办法中进一步强调正向激励，即"业绩升，薪酬升；业绩降，薪酬降"。该办法旨在引导中央企业管理层的经营理念从利润导向转变为价值导向，改变投资决策行为，避免短期行为并注重企业的可持续发展，是一场基于对 EVA 理念深刻认识并进一步将 EVA 绩效考核本土化改造、应用的重大管理革命[17]。在计算 EVA 指标中涉及的为数不多的会计调整项目包含了研究与开发调整项，可见 EVA 考核十分重视影响企业未来长期发展的因素，以促进企业创新能力的提升。那么，在经济增速放缓、新旧增长动力转换的关键阶段，EVA 考核在价值引导方面是否实现了其推行初衷？企业是否更倾向于从事与价值创造相关的活动？这是理论界和实务界普遍关注的问题，也是 EVA 考核进一步广泛、深入推行所必须要回答的问题。而 R&D 投入作为企业形成核心竞争优势、提升价值、实现可持续发展的根本源泉，EVA 考核实施对其影响如何？是否促进了国有企业创新投入和产出，不同特征的管理者在 EVA 考核的约束与激励下对研发投资的行为选择是否会有所不同，EVA 考核制度与已有的管理层激励约束机制存在怎样的互补或替代关系？这些是理论界和实务界普遍关注的问题，也是 EVA 考核进一步广泛、深入推行所必须要回答的问题，对这些问题进行研究具有一定的理论和现实意义。

1.1.2　研究意义

创新对经济可持续增长的重要作用已被广泛认同，R&D 投入是提升企业竞争力、提升国家综合国力的关键所在。在我国实施"创新驱动"战略以及建设创新型国家的大背景下，国资委于 2019 年起对中央企业实行新修订的 EVA 考核办法，这一办法的出台在多大程度上影响以及如何影响企业的 R&D 投入，其对 R&D 投入经济后果的影响如何，都是亟待探究和检验的问题。因此,在中国这一特殊的历史背景、制度环境下进行本书的研究具有以下重要的理论意义与现实意义。

1.1.2.1 理论意义

(1)现有研究证实了 EVA 考核的实施可以加大企业研发投资,并否定了从晋升激励的角度解释中央企业高管加大研发投资的行为动机,那么究竟是什么驱使高管在 EVA 考核下加大研发投资?本书将从薪酬激励的角度进行分析,探究其可能的激励机理,丰富相关领域的理论研究。

(2)本书拟深入探讨 EVA 考核对异质管理者的研发行为选择影响,以及业绩考核制度与已有管理层激励手段的协同或互补关系,这不仅对经济增加值理论能够进行有益补充,也对国有企业管理层激励理论有一定的贡献。

(3)有助于丰富公司治理与国有企业 R&D 投入关系的研究。现有研究公司治理与 R&D 投入的文献,主要从股权结构、公司高管、董事会结构、股权激励等角度展开,但鲜有学者研究绩效评价对企业 R&D 投入的治理效应。在实际中,经理人绩效评价是制定薪酬奖惩的重要依据,是引导和缓解代理问题的有效手段,绩效评价指标的选择直接影响企业经理人的投资决策,而 R&D 投资作为企业核心竞争力的重要来源以及关系企业可持续发展的重要投资决策,应受到绩效评价的影响。2010 年国务院国资委在中央企业中全面推行 EVA 考核制度,为研究绩效评价对企业 R&D 投入提供了契机。因此,本书从绩效评价指标的角度出发探讨 EVA 考核对企业 R&D 投入的作用机制,拓宽公司治理与 R&D 投入关系的研究内容。

(4)有利于完善经济增加值理论。自 EVA 理论提出以来,学者们对 EVA 指标有效性及其对企业价值创造的贡献一直争论不休。近年来,学者们开始探究 EVA 考核提升企业价值的具体路径,如 EVA 考核是否通过抑制企业过度投资或投资不足来提升企业价值以及 EVA 考核与现金持有价值之间的关系等。而本书从技术创新角度出发,构建了中国国有上市公司 EVA 考核与企业价值创造关系研究的理论框架，结合委托代理理论阐述了 EVA 考核对 R&D 投入的作用机理，是经济增加值理论的有益补充。

（5）有助于扩展经济增加值理论的本土化应用研究。EVA 理念及应用源自西方国家，鉴于我国企业所处的经济环境与西方有一定的差异，EVA 考核实施可能会存在"水土不服"的现象，更何况，国资委实行的 EVA 考核是对西方 EVA 指标计算的本土化改造，EVA 考核实施效果是理论界和实务界关注的焦点。国资委在 2010 年才引进了 EVA 考核评价体系，在中央企业年度业绩基本指标中用 EVA 来替代净资产收益率，并占到了 40% 的权重，以此来解决中央企业管理层投资决策中存在的不利于股东价值创造的问题。R&D 投入在 EVA 指标计算中被当成一种战略性的投资，这符合企业的长远发展并有助于企业核心竞争力的形成。因此，本书拟以国有控股上市公司的实际数据为样本，建立计量经济模型，从我国企业的实际情况出发，为 EVA 考核如何缓解代理问题，是否能够合理引导经理层的 R&D 决策行为进而提高企业 R&D 经济增加值提供经验证据，真正检验 EVA 的本土化应用效果，从而扩展经济增加值理论在我国的本土化应用研究。

1.1.2.2　现实意义

本书在我国实施创新驱动发展的大背景下深入探讨 EVA 对国有企业研发投资的激励机制和效果，具有很强的现实意义，具体表现在：

（1）对 EVA 考核可能存在的研发过度激励问题进行分析和检验，为转型经济中 EVA 考核本土化应用效果提供新的经验证据，有利于国资委更加准确把握企业管理者在研发投资决策中可能存在的代理问题，为国资委今后在完善考核标准、修正具体指标、施行分类考核方面提供一些切实可行的政策建议，促进经济增加值在我国企业的应用和推广。

（2）研究 EVA 考核对不同特征管理者研发激励的效果差异，从提高国有企业研发投资的角度，为国资委在人才任用与考核激励方面提供经验支持和建议，为完善国有企业用人、考核与激励机制，大力提升国有企业创新能力提供经验证据和建议支持。

（3）建设创新型国家、提高国家创新能力是我国现在和未来一段时间内发展的主旋律，国家的创新依赖于企业的创新投入，而国有企业，特别是中央企业在我国的行政体制中处于最高级别，在国民经济发展中占据主导位置。因此，对国有企业建立有效的绩效考核与薪酬激励体系、强化对国有企业创新行为的激励，对提高我国企业整体创新能力和促进宏观经济发展有着不可取代的作用。

（4）深入研究 EVA 考核与 R&D 投入的关系，揭示其内在规律，有助于更好地理解 EVA 理念为企业创造价值的作用机理，为国资委更好地实施 EVA 考核提供经验支持。EVA 考核虽然已经在我国国有企业落地，但还需要不断结合国有企业的实际情况来完善和升级其推动我国企业从利润导向过渡到价值导向的使命，要有针对性地引导企业解决原来管理运行中存在的弊病。因此，本书立足于我国制度背景，从制度层面和行为层面系统分析和验证 EVA 考核实施对国有企业 R&D 投入及对其经济后果影响的研究，一方面检验了 EVA 考核在我国的践行效果，加强国有企业 R&D 战略投资决策的理论和方法研究；另一方面有利于国资委更加准确地把握企业创新活动中存在的各种风险和代理问题，抑制管理层在创新活动中的自利行为，更好地为提升企业价值服务。本书的研究为帮助国资委在今后完善考核标准、修正具体指标方面提供一些切实可行的意见和建议，促进经济增加值考核在我国企业的应用和推广。

1.2 核心概念界定

1.2.1 经济增加值（EVA）

经济增加值（EVA）概念诞生于 20 世纪 60 年代初，由诺贝尔经济学奖得主 Merton Miller 和 Franco Modigliani 提出，是一项基于经济利润衡量企业绩效的新指标，其本质思想源自 Adam Smith 的剩余收益理论。EVA 评价体系作为一种系统性的绩效考核和业绩评价体系，其应用于企业实践应归功于 1982 年美国 Stern & Stewart 咨询公司的大力推广，从华尔街的金融机构如摩根士丹利到各大公司如可口可乐等的经理们，无一不认为 EVA 是一个伟大的衡量企业价值创造的指标[18]。美国管理之父 Peter Druker 更是肯定了 EVA 是一种全新业绩考核理念及激励制度的基础，指出 EVA 能够反映企业价值管理的方方面面。

EVA 被定义为企业税后净营业利润与全部资本成本（包括债务资本成本和权益资本成本）的差额，用公式表示如下：

EVA = 税后净营业利润 - 资本成本总额

= 税后净营业利润（NOPAT）- 加权资本成本（WACC）×投入资本额

（Capital） （1-1）

加权资本成本 = （股权资本成本率×股权占总资本比例）+（债务资本成本率×债务占总资本比例） （1-2）

在计算税后净营业利润时，非营业项目要排除在外，如投资于其他公司股权收到的股利、利息以及非营业支出等；投入资本额是公司所有股权投资和所有负债融资的总和，但不包括对外投资的资本。

从上述 EVA 定义及式（1-1）、式（1-2）可以看出，企业要实现股东价值最大化的目标，其收益必须大于债务成本和权益成本的总额，以 EVA 对一个企业进行业绩考核时，如果 EVA>0，才能认为企业股东的财富有所增加。另外，从上述定义及式（1-1）、式（1-2）还可以看出，EVA 指标区别于传统会计利润指标之处在于，它考虑了企业投入的全部资本成本，强调了企业资本使用的有偿性，因此传统财务指标考核下的盈利企业实际上可能并没有真正为企业创造价值。同时，Stern & Stewart 咨询公司指出，其定义的 EVA 在计算过程中为了克服传统财务指标存在的扭曲现象，对净营业利润和资本成本本着能够更准确地反映企业价值创造能力以及股东长远利益最大化的原则进行了很多必要的调整，最初设计的 EVA 计算调整项目多达 160 多项，主要包括非经常性损益、递延所得税、研发投资以及商誉摊销等。但是同时，Stern & Stewart 咨询公司也强调在实践中鉴于计算复杂性以及成本效益原则，很难确保精确地算出 EVA 值，一般来说大部分公司需根据自身的需要抓住重点，进行大概 10 项调整即可达到目的[18]。EVA 同时考虑了借入资本的成本和权益资本的成本，并且在传统会计业绩指标的基础上进行合理调整，因此，能够激励管理者像股东一样来进行公司投资决策。

1.2.2　国有企业

世界范围内很多经济体中都有国有企业，国际货币基金组织（IMF）将发达资本主义国家的国有企业分为三类：第一类为国营企业，即由中央或地方政府直接出资并进行经营管理的企业，这一类企业的主要经营内容是与国计民生或国家安全相关的；第二类为国办企业，这类企业是按照特殊法律法规开办并经营的企业，可以完全属于政府，也可以是政府通过其他方式对其实施控制；第三类为国有控股企业，是指依照公司法创办的国有企业，政府仅占有足够控制权的股份。

在我国，国有企业有广义和狭义之分。广义的国有企业是指具有国家资本金的企业，包括纯国有企业、国有控股企业以及国有参股企业；而狭义的国有企业仅包含纯国有企业。纯国有企业指资本金全部归国家所有的企业，包括国有独资企业、国有独资公司以及国有联营企业；国有控股企业，根据国家统计局《关于统计上国有经济控股情况的分类办法》的规定，国有控股包括国有绝对控股和国有相对控股。国有绝对控股企业是指在企业全部资本中，国家资本（股本）所占比例大于 50% 的企业。而国有相对控股企业是指在企业的全部资本中，国家资本（股本）所占比例虽未超过 50%，但比企业中其他经济成分所占比例大，或者虽然不大于其他经济成分，但根据协议规定，国家拥有实际控制权的企业（协议控制）；国有参股企业是指具有部分国家资本金，但国家不控股的企业[1]。

相关研究中，国有企业主要选用国有控股上市公司来代表。国有控股上市公司是基于国有控股公司发展而来的。1995 年 8 月 21 日由当时的国家国有资产管理局印发的《关于组建国有控股公司中加强国有资产管理的指导意见》中明确规定："国有控股公司是国家授权对一部分国有资产具体行使资产收益、重大决策、选择管理者等出资者权利的特殊企业法人，只行使出资者的职能，而不行使行政和行业管理职能。"2003 年国务院发布的《企业国有资产监督管理暂行条例》第四条规定，"企业国有资产属于国家所有，国务院和地方各级人民政府分别代表国家履行出资人职责，履行所有者权益"。这一规定从另一个侧面揭示了国有控股公司的实质：其必须为政府控制，资金来源于政府（包括中央政府和地方政府）投入、划拨；国有控股公司的管理者由政府任命，受到政府严格监督与制约，其不单纯为企业的管理者，还兼具行政性。我

---

[1]　《国家统计局关于对国有公司企业认定意见的函》（国统函〔2003〕44 号）。

国相关法律规定，国有控股上市公司是指政府或国有企业持股比例 50% 以上，或者持有股份的比例虽然不足 50%，但拥有实际控制权或依其持有的股份已经足以对股东会、股东大会的决议产生重大影响的上市公司[19]。按照终极控制人性质的不同，国有控股上市公司可以进一步细分为中央政府（中央国家机关、国务院国有资产监督管理委员会、中央国有企业、部属院校）控股和地方政府控股（除中央政府以外）上市公司。

鉴于本书主要研究中央企业负责人经营业绩考核办法中引入 EVA 指标对国有企业 R&D 投入及其经济后果影响，本书研究的国有企业主要指中央政府控股国有企业中属于国资委履行出资职责的国有企业，为了研究需要，还会引入地方国资委控股国有企业作为对照。

1.2.3 管理者特征

管理者特征（Managerial Characteristics）是指在既定的企业环境或者社会环境中，影响管理者的领导行为的管理者个人特征，如人物性格特征、执行动机、个人经历和过去经验等。达到合格的管理目标需要管理者注意三个方面：首先，管理者的智力、情商、创造力、管理能力等无形能力有利于组织目标的制定和策略的合理实施；其次，管理者的自我督导、亲和力、成熟度等职场魅力有利于组织凝聚力的提高，有利于营造管理团队中愉快团结的合作氛围，从而更好地达到合作目的；最后，管理者对个人成就的追求、实现自我价值的需要、对管理权力的需要等则有利于实现组织的最终目标。

目前，把企业的管理者仅界定为董事长、总经理、CEO 或者高层管理团队（Top Management Team）的研究占绝大部分，小部分研究则是将管理者界定为董事会、监事会成员以及高管人员，即公司的总经理、副总经理、财务负责人、上市公司董事会秘书和公司章程规定的其他人员。本书将管理者界定为担任管理职位的董事会、监事会成员以及高管成员。特征是指被研究现象的属性或特性，它们能够直接或间接地被观察和测量。管理者特征包括基础的人口统计学特征和心理特征，其中人口统计学特征主要涉及人口数量、人口变化（如出生、死亡、迁徙）和人口构成（如性别、年龄、婚姻状况、语言、宗教等）；心理特征是管理者心理上、思想上或者对事物的处理态度上难以被直接观测到的特征，如管理者的风险偏好、管理者过度自信等。本书主要采用管理者的人口统计学特征作为变量指标来研究其对国有企业研发投资的影响。

1.2.4　企业研发

1.2.4.1　研发活动的内涵

研发是研究与（试验）发展或研究与开发的简称，英文全称为"Research and（Experimental）Development"，通常用英文缩写 R&D 来表示，是国际通用的科学技术领域术语。联合国教科文组织（UNESCO）对 R&D 的定义为：在科学技术领域中，为增加知识总量以及运用这些知识去创造新的应用而进行的系统性、创造性工作。UNESCO 将 R&D 进一步细分为基础研究、应用研究和实验发展三大类。其中"基础研究"指为获得关于现象和可观察事实的基本原理及新知识而进行的实验性和理论性研究工作，它不以任何专门或特定的应用或使用为目的，其成果以科学论文和科学著作为主要形式，能够反映最原始的知识创新能力，是最高层次的 R&D 活动。"应用研究"指为获得新知识而进行的创造性研究，通常针对某一特定的目的或目标。它是为了确定"基础研究"成果可能的用途，或是为达到预期的目标探索应采取的新方法或新途径，其成果以科学论文、专著、原理性模型或发明专利为主要形式。"试验发展"指综合利用从"基础研究"、"应用研究"和实际经验中所获得的既有知识，为产生新产品、材料和装置，建立新工艺、系统和服务，以及产生和建立上述各项实质性改进而进行的系统性工作。其成果形式主要是专利、专有技术、具有新产品基本特征的产品原型或具有新装置基本特征的原始样机等。这三类活动构成了 R&D 过程中相互影响、相互衔接的循环活动。

1.2.4.2 企业研发活动

研发活动有广义和狭义之分，广义的研发活动指全社会整体的科研活动，狭义的研发活动专指以营利为目的的企业所从事的技术创新活动。鉴于本书主要研究企业研发活动，R&D 投入数据的获取来源主要为公司财务报表，因此研发活动在会计学中的定义就十分重要。

2007 年我国开始实行新的会计准则，财政部借鉴国际会计准则，在《企业会计准则第 6 号——无形资产》中对企业内部研究开发项目支出进行了修订，将其分为研究阶段支出与开发阶段支出。这里的研究是指为获取并理解新的科学或技术知识而进行的独创性、有计划的调查；开发是指在进行商业性生产或使用前，将研究成果或其他知识应用于某项计划或设计，以生产出新的或具有实质性改进的材料、装置和产品等。

由此可见，我国企业在会计处理上将 R&D 活动分为研究阶段与开发阶段，这与国际会计准则、美国财务会计准则关于研究和开发的定义基本相同。企业研究与开发活动都是建立在某种专门或特定的需求的基础上进行的活动，因此，研究活动基本对应于联合国教科文组织对 R&D 活动定义中的"应用研究"，开发活动则接近"试验发展"，将研究成果用于生产，为企业长远发展谋利，是建立在研究基础上的活动。一般而言，研究阶段的活动存在较大的不确定性，与企业研发成果的关系尚不明显；相比之下，开发活动是建立在研究活动基础上的，具有较大的成功概率，更可能产生新成果并形成企业的无形资产，这个阶段发生的费用与研发成果直接相关。本书所选取的企业 R&D 投入为上市公司财务报表中 R&D 资本化与费用化的总额。

1.3　研究思路、研究方法和研究框架

1.3.1　研究思路

本书主要关注两方面内容，一方面是 EVA 考核对企业 R&D 投入的影响，另一方面是 EVA 考核下 R&D 投入的经济后果。本书综合运用技术创新理论、委托代理理论及企业激励理论的最新成果，遵循"提出问题—分析问题—解决问题"的规范研究思路，沿着"文献综述—理论分析—实证研究—结论与建议"的研究路线进行研究。具体而言，为了深入考察 EVA 考核实施是否能够对企业 R&D 投入产生影响、在不同情况下产生何种影响，其带来的经济后果如何，本书首先对研究涉及的相关基础理论进行了回顾，并分别对公司治理影响 R&D 投入及 EVA 考核相关的国内外文献进行梳理和评论。其次，结合我国转型时期的制度背景，对国有企业绩效考核发展沿革进行回顾，并从理论上剖析以"两权分离"为特征的现代国有企业中 R&D 投入不足的动因，分析应该采取何种治理机制，进而强调作为缓解代理问题手段之一的绩效考核制度（这里主要指 EVA 考核）对 R&D 投入的治理机制，为后续研究奠定理论基础。在上述基础之上，构建计量经济模型，通过中国沪深 A 股国有上市公司数据，实证检验 EVA 考核对国有企业 R&D 投入的影响及其经济后果，并根据实证研究结果做定性分析。再次，对 EVA 考核、管理者特征与国有企业研发投资之间的关系进行实证研究和分析。最后，本书针对 EVA 考核和高管激励两种激励机制，探究其与企业研发投资的内部影响机理。

1.3.2　研究方法

研究方法是在研究中发现新事物、新现象或提出新理论、新观点及揭示事物内在规律的工具和手段，在经济学及会计学研究中，研究方法主要分为规范分析和实证分析两大类。研究方法的选取依赖于研究对象的特点以及拟解决的科学问题，运用恰当、合理的研究方法对问题进行分析和解释才具有可靠性和说服力。本书所涉及的内容需要综合运用契约经济学、公司财务学以及计量经济学等多学科知识，运用规范研究与实证研究这两类研究方法，这两类方法的有机结合有利于对本书所要研究的问题进行系统、深入的科学分析。

1.3.2.1　规范分析的方法

为了系统地研究 EVA 考核对国有企业 R&D 投入的影响及其对企业 R&D 投入经济后果的影响，在文献综述部分，采用文献分析法收集并查阅国内外大量相关高质量期刊中的文献，分别对涉及企业 R&D 投入的影响因素、经济后果以及 EVA 考核相关研究的文献进行梳理、分析和评述，找到研究中的空白，形成本书的研究思路。在理论研究部分，主要采用历史的、逻辑的推演分析方法以及归纳分析方法，通过规范研究，综合企业技术创新理论和企业激励理论，从公司治理的角度，结合我国特殊的制度背景，分析 EVA 考核这一公司治理机制对国有企业 R&D 投资及其经济后果的内在作用机理，从理论上剖析国有企业 R&D 投资不足的原因，对相关命题进行预测并提出富有逻辑的研究假设。

1.3.2.2　实证分析的方法

在规范分析的基础上，选取 2007～2013 年中国沪深 A 股国有控股上市公司为研究对象进行实证分析。实证分析依托于现实数据，主要利用各种数量分析技术分析有关变量间可能存在的内在作用方式和数量关系。由于规范分析得出的因果关系是在一定的前提假设下做出的，可能存在与现实情况不相符的状况。因此，需要通过实证分析的方法对理论假说进行修正和完善。本书主要通过构建合理的计量经济模型及统计分析，利用 Stata13.0 计量分析软件，实证检验 EVA 考核对国有企业 R&D 投入及其经济后果的影响，对理论上预测的影响关系提供经验支持。具体来说主要包括：描述性统计分析、双重差分模型分析（Difference-in-Difference Analysis）、倾向评分匹配法（Propensity Score Matching）、普通最小二乘（OLS）回归分析以及分组回归对比分析等。

在研究 EVA 考核实施对国有企业 R&D 投入影响的过程中，为了避免趋势效应所带来的内生性问题，真正剥离出 EVA 考核实施对国有企业 R&D 投入的效应，本书拟采用双重差分模型结合倾向评分匹配的方法来检验 EVA 实施对国有企业 R&D 投入影响进行研究，并进一步从不同角度对国有企业进行划分，分别对具有不同行业特征、处于不同生命周期阶段以及处于不同竞争程度的企业进行分组回归，通过对比分析，深入检验和探讨 EVA 考核实施的政策效应在不同情境因素下的差异，以期能够为 EVA 考核的进一步修订和完善提供经验支持。

1.3.3　研究内容和框架

本书共分为七章，其中第 1 章为绪论；第 2 章为理论基础与文献综述；第 3 章为制度背景与理论分析；第 4 章及第 5 章分别为 EVA 考核实施对国有企业研发投资总体影响和不同情境下影响的实证检验和分析；第 6 章为 EVA 考核对国有企业研发投资经济后果的实证检验和分析；第 7 章为结论和本书的政策建议。各章的具体内容如下：

第 1 章绪论。本章主要在阐述研究背景的基础上引出了本书的研究问题，进而发掘本书的研究意义，介绍研究内容和研究框架、研究过程中应用的研究方法以及研究的整体技术路线，最后概括了本书可能的创新点。

第2章理论基础与文献综述。本章首先回顾了相关的理论基础，主要包括技术创新理论、委托代理理论以及企业激励理论，为后续研究奠定理论基础。其次，针对公司治理影响 R&D 投入相关文献进行梳理和综述，旨在归纳和总结可能影响企业 R&D 投入的公司治理因素，为后续的实证建模奠定基础。最后，对 EVA 考核相关文献进行回顾。通过系统、全面的文献梳理和总结，发现现有文献可能存在的研究空白和不足。

第3章制度背景与理论分析。本章首先回顾了国有企业改革的历程，总结了国有产权多重委托代理的特点、内部人控制问题的来源以及国有企业薪酬激励与晋升机制的一般规律，为后续结合基础理论对国有企业 R&D 投入不足问题的内在机理分析提供制度层面的依据。其次，梳理国有企业绩效考核的发展历程，重点挖掘 EVA 考核引进的背后逻辑和发展现状，深入理解国有企业 EVA 考核的实质与内涵。最后，根据前几章内容，将相关理论基础和制度因素相结合，分别从 R&D 投入特征、国有企业内部人控制以及国有企业薪酬激励与晋升机制三个方面与代理问题的冲突，分析国有企业 R&D 投入不足的动因；并归纳出 EVA 考核如何作为一种经理人契约的治理工具，引导经理层的投资决策行为，增加对中央企业 R&D 投入的基础逻辑框架，为后文的理论分析和假设提出奠定基础。

第4章 EVA 考核实施对国有企业研发投资影响的实证研究。本章首先基于第3章提出的基础逻辑框架，从整体上深入分析 EVA 考核对国有企业 R&D 投入的影响，提出相关假设。其次，根据相关理论构建计量经济模型，选取2007~2013年 A 股上市的国有控股公司为样本，先通过描述性统计分析，分别进行纵向比较和横向比较。纵向比较主要分析 EVA 考核实施前后，国有企业 R&D 投入是否有所提高；横向比较主要分析实施与未实施 EVA 考核公司的 R&D 投入差异。最后，通过双重差分模型来深入分析 EVA 考核与国有企业

R&D 投入的关系。

第 5 章 EVA 考核、管理者特征与国有企业研发投资关系的实证研究。本章分别从年龄、学历、任期、性别、学科背景和职业背景六个方面进行分析并提出研究假设，验证了不同的管理者特征对 EVA 考核与国有企业研发投资所产生的不同的调节效果。本书选择 2008~2019 年沪深两市主板 A 股的国有企业作为研究对象，选择民营企业作为国有企业的对照组，通过 PSM 匹配方法，将国有企业样本和民营企业样本按照年度、行业和资产负债率进行匹配，更好地解决实施 EVA 考核的内生性。最后，根据实证研究结论提出政策建议。

第 6 章 EVA 考核、管理层激励与国有企业研发投资关系的实证研究。本章选取 2007~2019 年共 13 个年度全部沪深 A 股上市的国有企业作为研究，探讨薪酬激励和股权激励对企业研发投资的影响，以及详细研究了不同高管激励强度对 EVA 考核与 R&D 投入之间的影响关系，为了避免时间趋势因素带来的影响，一并选取该年度民营企业作为对照组，构建双重差分模型，提出相关研究假设。

第 7 章 结论与政策建议。本章首先根据前面各章理论研究和实证分析结果，对全书的主要研究结论进行总结。其次，根据研究结论从国资委的角度出发，对国有企业 R&D 投入决策、EVA 的本土化应用和指标计算提出相应的政策建议。最后，针对本书研究的一些局限性进行后续研究方向的展望。

本书的结构框架如图 1-1 所示。

```
                        ┌──────────┐
                        │   绪论   │                           提
                        └──────────┘                           出
             ┌───────────────┼───────────────┐                问
        ┌─────────┐    ┌─────────┐     ┌─────────┐             题
        │ 研究背景 │    │ 问题引出 │     │ 研究意义 │
        └─────────┘    └─────────┘     └─────────┘
┄┄┄┄┄┄┄┄┄┄┄┄┄┄┄┄┄┄┄┄┄┄┄┄┄┄┄┄┄┄┄┄┄┄┄┄┄┄┄┄┄┄┄┄┄┄
               ┌───────────────────────────┐
               │  EVA考核对国有企业研发投入影响的  │
               │          理论分析           │
               └───────────────────────────┘               理
         ┌──────────────┼──────────────────┐               论
 ┌────────────┐  ┌────────────┐     ┌────────────┐           推
 │ 理论基础：    │  │ 文献综述：    │     │ 制度背景：    │           导
 │ 技术创新理论、委托代理│ │ 研发投入相关文献综述│  │ 国有控股公司制度背景│
 │ 理论、企业激励理论、 │ │ EVA考核相关文献综述│  │ 国有企业绩效考核发展│
 │ 高层梯队理论    │  └────────────┘     └────────────┘
 └────────────┘
              ┌───────────────────────────┐
              │  EVA考核影响国有企业研发投入的    │
              │         基础理论框架         │
              └───────────────────────────┘
┄┄┄┄┄┄┄┄┄┄┄┄┄┄┄┄┄┄┄┄┄┄┄┄┄┄┄┄┄┄┄┄┄┄┄┄┄┄┄┄┄┄┄┄┄┄
       ┌──────────────┼──────────────────┐               实
┌────────────┐  ┌────────────┐     ┌────────────┐           证
│ EVA考核实施对国有企业│ │ EVA考核、管理者特征与│  │ EVA考核、管理层激励与│           研
│ 研发投资的影响    │  │ 国有企业研发投资的关系│  │ 国有企业研发投资的关系│           究
└────────────┘  └────────────┘     └────────────┘
┄┄┄┄┄┄┄┄┄┄┄┄┄┄┄┄┄┄┄┄┄┄┄┄┄┄┄┄┄┄┄┄┄┄┄┄┄┄┄┄┄┄┄┄┄┄
                    ┌──────────────┐
                    │  结论及政策建议  │
                    └──────────────┘
```

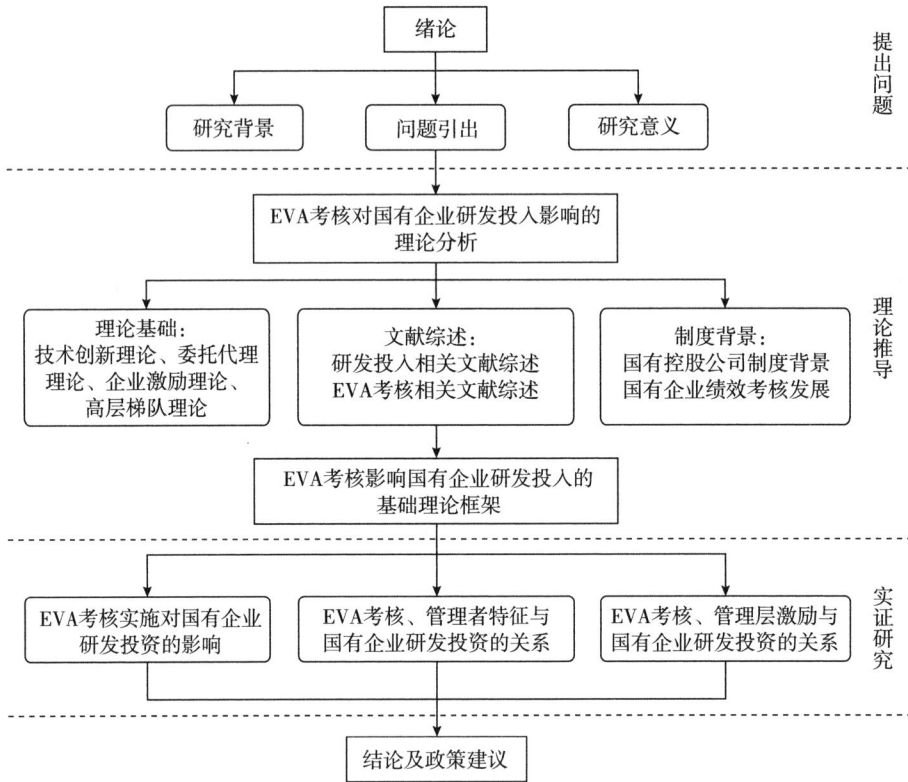

图 1-1　本书的结构框架

1.4　主要创新点

本书主要探究了 EVA 考核实施对国有企业 R&D 投入的影响及其经济后果，从理论和实证两方面进行分析和验证，可能的创新之处主要体现在以下几方面：

（1）国内外对 R&D 投入的研究早期主要集中于从宏观经济层面探讨 R&D 投入与国家、地区经济发展、产业发展之间的关系，随着企业信息披露的增

强，学者们对企业 R&D 投入的研究逐步增多，但是从绩效评价角度，特别是基于我国特有的国有企业 EVA 考核实践这一视角来探究 EVA 考核对国有企业 R&D 投资的影响及其经济后果的研究还比较罕见，并且现有研究大多仅着重探讨 EVA 考核对国有企业 R&D 投入的直接影响，对在不同情境因素影响下二者关系的研究以及 EVA 考核对 R&D 投入与其他影响因素之间的检验还相对匮乏。本书首先在分析 EVA 考核对国有企业 R&D 投入直接影响的基础上，进一步检验了管理者特征在这一过程中的调节效应；其次分别从薪酬激励和股权激励这两个方面考察管理层激励在 EVA 考核的背景下对 R&D 投入的影响，为企业 R&D 投入研究提供了新的研究视角，完善了企业 R&D 投入的相关研究。

（2）丰富了 EVA 考核实施后果、政策评价的研究内容。EVA 考核于 2010 年正式在我国中央企业负责人年度考核中全面推行，至今也不过短短十几年，国内学者对 EVA 考核实施后果、政策评价的研究主要集中在 EVA 考核对企业价值提升的直接效应和间接路径的探索和检验上，包括 EVA 考核对企业过度投资、投资不足、现金持有的影响以及企业是否通过对上述因素的治理从而提升企业价值。但就提升国有企业可持续发展能力而言，相关研究还比较缺乏。本书正是基于转型期中国经济的特殊背景，构建了一个较为完善的 EVA 考核影响企业 R&D 投入的研究框架，并在此框架下实证检验了 EVA 考核作为一种激励和考核机制，在我国实行创新驱动战略的大背景下对国有企业 R&D 投入及其与管理者特征和管理层激励的关系，为国资委修改和完善 EVA 考核提供有针对性的理论指导和经验证据。

（3）本书采用双重差分模型和倾向评分匹配的方法，避免了现有文献中由于时间趋势效应带来的内生性问题，从而将 EVA 考核的政策效力真正剥离出来，达到检验 EVA 实施对国有企业 R&D 投入影响及经济后果的目的。为 EVA 考核实施效力提供了更为稳健的经验证据，完善了 EVA 考核与国有企业 R&D 投入关系的研究，为国资委进一步深入推广 EVA 考核提供支持。

第 2 章　理论基础与文献综述

　　本章主要对相关理论和已有文献进行回顾和梳理，为本书探寻理论支撑，为后续理论分析、模型构建提供支持。全章共分为两个部分：第一部分对相关理论进行简要回顾，包括技术创新理论、委托代理理论以及企业激励理论等，明确这些理论为本书提供的支持；第二部分对截至本书研究时国内外学者的研究成果进行回顾，主要梳理了 EVA 考核对企业研发投资的影响、管理层激励对企业研发投资的影响以及管理者特征对企业研发投资的影响，并在此基础上进行评述，找到研究的方向，明确本书的研究视角。

2.1　理论基础

2.1.1　技术创新理论

2.1.1.1　熊皮特创新理论

对 R&D 活动的研究是随着熊彼特创新理论的发展而不断深入的。熊彼特于 1912 年在其著作《经济发展理论》中首次将创新的概念引入经济学，认为创新即生产要素的重新组合，通过创造性地将从未有过的生产要素和生产条件引入生产体系从而构造出新的生产函数，这样的要素新组合主要体现在五个方面：引入一种新产品或提供一种产品的新质量；引进一种新的生产工艺；开发一个新的市场；获取一种原材料或半成品供给的新渠道以及采纳一种新的组织形式，也就是后来人们常见的产品创新、技术创新、市场创新、材料创新以及组织管理创新[20]。熊彼特的创新理论批判了传统经济学将技术创新视为经济发展外生变量的论断，探讨了创新对经济增长的变革性推动作用，认为技术创新应摆在经济发展的核心位置，并强调了企业家在创新过程中的不可替代性，认为企业家和企业的基本职能之一就是创新[21]。随后，熊彼特分别于 1939 年和 1942 年出版了《经济周期》及《资本主义、社会主义和民主》两本论著。前者对技术创新与经济发展周期之间的关系进行阐述，认为技术创新是决定资本主义经济从繁荣到衰退再到复苏这样周而复始过程的重要因素[22]；后者将创新看成一个创造性破坏的过程，认为经济增长和社会形态的演化是技术持续地、动态地竞争的结果。这些论述不断对创新理论进行补充和完善，自成一派地开创了创新理论体系[21]。

熊彼特提出的具有开创性的创新理论一开始并没有得到西方主流经济学界的重视，因为当时世界经济发展的动力还源于原始资本的积累，西方主要资本主义国家依旧用传统的扩张、廉价劳动力以及争夺占领原材料和销售市场的方式来攫取利润，技术创新的作用还没有凸显出来。直到 20 世纪 50 年代新一轮技术革命兴起，才"唤醒"了创新经济学的春天。由于很多国家凭借技术的变革进入高速发展的"快车道"，而这样的现象并不能被传统经济学所解释，学者们开始着力探究技术进步对经济发展的影响机理，创新理论也随之逐步完善并取得了长足的发展。

2.1.1.2 熊彼特创新理论的延伸

新熊彼特理论，也称为技术创新经济学理论。新熊彼特理论在坚持熊彼特理论的基础上特别关注新事物和不确定性，注重量变到质变的分析过程，强调非均衡的动态分析[23]。技术创新不再单纯地被当作一个未知的"黑箱"进行研究而是作为一个复杂的过程探讨其内部运作规律[24]，在微观层面更加重视知识学习行为、创新以及企业家等经验研究，并就企业规模、市场结构与创新的关系以及技术创新的扩散进行深入探讨。不仅如此，新熊彼特理论还研究中观层面的产业演化，探寻创新的驱动因素，讨论科技进步如何与经济相结合、通过何种途径、采取怎样的机制等问题，以及宏观层面创新所能带来的国际竞争力和经济增长贡献[25]。Kamien 和 Schwartz（1976）[26] 将市场结构引入技术创新的研究当中，探讨了企业规模、市场竞争程度以及垄断程度对技术创新的影响，提出中等程度竞争的市场结构是最适合技术创新和发展的环境，并有说服力地对创新动力进行了阐释。Mansfield（1968）[27] 从创新的角度研究了技术创新的推广、扩散问题，通过实证调研验证不同技术创新的传播速度、产业研究对提升生产力和创新的作用、国际技术转移和技术预测的不确定性等问题。Mansfield 对技术创新推广和模仿的研究是对熊彼特创新理论的一种补充。Freeman（1982）[28] 分别从宏观和微观层面对技术创新进行了系统研究，给出了产业创新趋势的判断以及对技术内在推动创新的动力学分析。Freeman 的研究一贯强调技术创新要全方位地与商业化相结合，包括新产品、新过程以及新服务等，这些研究都对新熊彼特理论的发展起到了举足轻重的作用，特别是其对技术创新在经济发展中所扮演的角色以及科学技术对人类能做出的贡献等相关问题的探讨。

制度创新理论是基于熊彼特创新理论发展起来的另一重要理论分支。1970年 Davis 和 North 将创新理论和制度理论相结合，探讨了制度创新的形成因素和过程，以及制度变革对企业经济效益的影响等问题，提出了制度创新理论[29]。该理论认为制度创新通常指在经济组织形式或者经营管理方式上进行的变革，如公司制度、金融制度、工会组织等。通过运用新古典经济学理论提出促进经济增长的关键在于能够设定一种对个体产生有效激励的制度，特别是通过产权制度的确立决定资源配置的机制，从而使个人收益和社会收益都能得到满足[24]；同时，制度创新的优劣影响着技术创新的动力和效率[20]。Davis和 North 还提出了三种促进制度创新的因素，分别是企业规模经济的实现、社会生产技术的进步和社会集团力量为维护自身预期收益而采取的措施；另外，也给出了制度创新的五个阶段过程以及模型。这些研究都极大地丰富了熊彼特的创新理论。我国学者也对制度创新有着自身的理解，认为制度创新是生产力发展的必然结果，企业需要不断变革企业制度来适应生产力的发展[30]。林如海和彭维湘（2009）[31]通过总结认为，"企业制度创新就是企业为适应自身和市场的变化，引入新的企业制度代替原来的企业制度。制度创新主要是产权制度创新、公司治理结构创新、组织制度创新和配套制度创新"。

2.1.1.3　技术创新的度量与创新理论对企业实践的影响

对技术创新与经济发展之间关系的研究除了理论上的推导还需要从经验研究中得到证据，技术创新研究工作离不开对创新的度量。技术创新的定量研究始于 1966 年 Schmookler 在其论文《发明与经济增长》中用专利来测度和分析技术进步[32]。随后，20 世纪七八十年代，特别是在英国 Sussex 大学成立了社会政策研究中心（SPRU）之后，基于熊皮特理论进行的一系列实证研究开始大量运用技术特征数据，尤其是有关研发投资以及专利统计数据，具有代表性的是 Griliches（1957，1979）[33-34] 的研究。大量的研究使得 R&D 统计和创新统计相对比较成熟，而其标准化过程开始于 20 世纪 90 年代[35]。

创新理论的发展对很多学科都产生了影响，就公司管理而言，一份较早的抽样调查结果显示，熊彼特创新理论对全世界企业的实践活动产生了革命性的影响，超过70%的跨国公司践行过熊彼特的创新理论，坚持视创新为其利润的主要源泉；80%以上的先进制造企业以及高新技术企业均设有专门的研发部门并配备专业技术人员；美国现代公司中超过60%尝试或实现过至少一项制度创新，例如业务流程再造（BPR）、大范围股票期权（BBESOP）、学习型组织（Learning Organization）等。而研发投资作为最能集中反映技术创新影响的指标，其在世界范围内的增长无论是对单个企业而言还是总量而言都是颇为引人注目的。微软公司在2011年研发投资就高达90亿美元，而美国博通公司的研发投资强度，即研发投资总量占销售收入总额的比重高达25.8%[36]。

综上所述，对创新理论的简要回顾有助于加深对技术创新的认识，明确技术创新对经济发展的重要推动作用，认可制度创新是影响企业创新效率的一种机制。那么，本书对研发投资这一公认的最能代表技术创新的指标进行相关研究，是符合中国创新驱动发展战略整体要求的。

2.1.2 委托代理理论

2.1.2.1 代理理论的渊源

代理理论是随着20世纪60年代发展起来的信息经济学而发展壮大的，是企业契约理论的重要发展之一。信息经济学推翻了新古典经济学中完全信息假设以及经营者的无私性假设，认为在现实生活中由于有限理性以及信息不对称的客观存在，信息不可能在个体之间充分自由流动而不产生任何费用；另外，基于经济人假设，委托人和代理人的目标都是自身效用的最大化。因此，委托代理理论就是在此基础上，对企业中的组织结构问题进行深入剖析，最终目的是在信息不对称、委托人和代理人利益不一致的情况下，设计一套合理、有效的监督激励机制，制衡委托人与代理人，减少由于代理人的机会主义行为而引致的代理成本，有效地解决代理问题。

　　"委托代理问题"作为一个专有名词由 Ross 在 1973 年首次提出[37]，但究其思想渊源，委托代理问题的提出可以追溯到 1776 年的《国富论》，Adam Smith 在其书中描述过这样的情景，在股份制公司，经理级人员使用别人的钱财物时，不能期望他们像在私有合伙制中那样，富有强烈责任心地使用自己的钱财、管理自己的企业[38]。正如富人家里的管家一样，他们常常关注自己的私利而非完全实心实意地忠实于他的主人，并且很有可能会做出把主人的财物占为己有的行为。这样的类比，实质上已经提出了股份制公司中存在的由经理人和股东之间利益冲突而带来的代理问题现象。同时，也可以看出，委托代理问题并不是生而有之的，而是企业发展到一定阶段的必然产物。

　　1976 年 Jensen 和 Meckling 开始正式研究股东和经理人之间的代理问题并提出了代理成本概念[39]。他们将代理关系定义为一份契约，在这份契约的约束下，一个人或更多的人（委托人）聘用另一人（代理人）代表其进行一些服务，同时也可能把某些决策权授予代理人。如果契约双方都以自身效用最大化为目标，那么很可能的结果就是代理人通常不会秉承以最有利于委托人的原则行事，这也就是代理成本产生的原因。为了防止代理人对委托人的利益侵害，委托人可以采取建立适当的激励手段来控制代理人对其利益的分散行为，在这个过程中必然会产生监督成本；另外，在某些情况下，委托人会要求代理人支付一定的资源消耗费用（守约成本），用以保证其不会采取某些危害委托人利益的行为，或者确保委托人如果受到类似伤害后能够得到一定的补偿费用。还有一种代理成本是由于代理人所做出的决策与那些本应该能够为委托人带来利益最大化的决策效用差异导致的等价价值减损，称为剩余损失，这也是代理成本的构成之一。因此，一个企业的代理成本由三部分构成：委托人的监督成本、代理人的守约成本以及剩余损失。代理成本概念的提出极大地推动了委托代理理论的研究。

2.1.2.2 现代企业代理问题

委托代理问题产生的前提是信息不对称以及委托代理双方的利益冲突。这里所说的信息可能是代理人做过的或者是应该做而没有做的一些没有被委托人所观察到的事情，因为很多情况下，某个人的行为是很难被观察到的。委托人不可能时刻跟随代理人来监督其在这段委托代理关系中所付出的努力程度，这样代理人就拥有自身的信息优势。另外，由于这种信息不对称的存在，委托人仅通过观测到的行为来判断代理人的努力程度，势必会造成绩效考核的不恰当问题，这样代理人也会感到付出没有得到应有的回报，这样的资源配置不匹配为代理问题埋下祸根。当代理人和委托人的利益发生冲突的时候，代理人就有动机利用这些信息优势寻求自身利益最大化，从而带来一系列委托代理问题，如道德风险、逆向选择、短视行为等。

在现代企业制度下，所有权与控制权的分离虽然提高了公司的管理效率，但是也不可避免地带来了委托代理问题。企业并不是孤立的经济主体，在经济生活中，其与各相关主体如债权人、客户、上下游供应商、企业内部职工、政府职能部门等都是通过一套契约相联系、相制约，而这些经济主体都会因为信息不对称、契约缺陷等而产生利益冲突。Jensen 和 Meckling（1976）[39] 归纳了股份制公司普遍存在的三种主要代理问题，它们分别是股东和经营者之间的代理问题、控股股东与中小股东之间的代理问题以及股东与债权人之间的代理问题，以股东和经营者之间的代理问题最受关注。

（1）股东和经营者之间的代理问题。这两者之间的关系是一种典型的委托代理关系，其中，委托人为公司股东，而代理人为公司经营者，他们之间委托代理问题的产生源于双方效用函数目标不一致以及信息不对称。由于经营者并不是公司的出资者，可能并不持有或只持有少部分公司股份，因此，经营者只享有对公司的部分控制权，需要在双方契约约束的授权范围内行使和支配。作为理性经济人，追求的是自身利益最大化；而作为公司的所有者，股东拥有公司的剩余价值所有权，追求的是公司价值的最大化。与此同时，股东和经营者的身份决定了他们对企业经营决策失败承担的责任是不同的，公司实际经营的"操盘手"并不拥有公司所有权因而可以不用承担巨大的经营失败带来的后果，而公司股东虽不具体参与公司的经营活动却必须承受这种损失，这样权利和责任的不匹配使得经营者更有理由去做出不利于股东的行为，在信息不对称的情况下就会出现诸如管理层不勤勉、通过手中的控制权来争取更多在职消费、构建"企业帝国"以及采用有利于自己而非有利于公司的投资或筹资方案、短视行为等问题。

（2）控股股东与中小股东之间的代理问题。股东和经营者之间的代理问题更多地出现在那些股权相对分散的公司，而对于股权集中的公司，特别是在投资者的利益得不到很好保障的经济体制中，很多大公司突出的代理问题存在于控股股东与中小股东之间[40]。拥有公司绝对控制权的控股股东由于能够从公司的经营中获得更多份额的收益，他们的目标与公司的整体利益是相契合的，因此，控股股东有动力和能力通过对公司经营者进行有效监督甚至通过绝对数量的表决权来直接参与公司决策以保障公司价值最大化目标的实现。在这个过程中，控股股东为监督管理经营者付出了大量的努力，相比之下，中小股东由于所持股份数额相对较少，通常采取"搭便车"的态度来对待股东与经营者之间的代理问题，毕竟，相对于付出，其能获得的收益占比相对较小[41]。一方面，因为控股股东的监管努力付出没有得到足够的回报；另一方面，由于控股股东对公司享有控制权能够参与决策，就出现了控股股东采用各种手段"掏空"上市公司，将利益和资源输送到控股股东手中的情况，从而出现侵害中小股东的"隧道效应"。这样的行为往往导致公司决策的非效率，不仅损害中小股东的利益，还损害了公司价值。

（3）股东和债权人之间的代理问题。债权人为公司提供的资金是公司进行正常经营活动和投资活动的重要资金来源之一。债权人作为资金的提供者是委托人，股东要使用这些资金因而是代理人。债权人的目标是安全地得到固定回报率的本金和利息，股东则想用最低的资金占用成本来获得最大的投资收益，二者利益的冲突在信息不对称的情况下带来了负债代理成本，通常表现为两种形式：股东的投资不足和资产替代。投资不足主要是针对资产负债率较高的公司，可能由于投资项目的净收益弥补不了借债的利息而放弃净现值（NPV）为正的项目[42]。资产替代问题的出现则是因为公司投资的项目如果成功，股东相比于债权人能够获得更多的回报；而如果失败，有限责任制的股东就可以将损失转嫁于债权人。如此，股东更愿意尝试高风险高收益的项目，从而很可能将从债权人手中借来的本来承诺投资于低风险项目的资金投资于高风险项目。这样的信息不对称情况使得债权人不得不采取相应措施，如要求更高的借债利率，增加资金的限制性用途等，从而提高了负债的代理成本。

综上所述，代理问题在现代企业制度下是大部分企业会面临的问题，而本书所要分析的我国国有企业的 R&D 投入问题，正是从国有企业特殊的委托代理关系出发，研究制约国有企业在研发投资过程中的委托代理问题的效果，基本属于现代企业委托代理关系中的第一种，即控股股东和经营者之间的委托代理关系。因此，委托代理理论为本书研究 EVA 考核对国有企业研发投资提供了坚实的理论基础。

2.1.3　企业激励理论

激励理论可以称得上是现代企业理论的核心构成之一[43]，是企业业绩评价理论的重要依据，其发展已有一个多世纪。本书研究国有企业 EVA 业绩评价考核问题，有必要对激励理论的一般规律进行剖析。激励理论是沿着经济学和管理学两个视角展开的，因此，本书分别从这两方面进行回顾和综述。

2.1.3.1　经济学视角的激励理论

从经济学的角度探讨激励问题，其核心内容是围绕现代企业制度中的两权分离带来的问题，因此，委托代理理论是其核心理论，上文主要介绍了委托代理理论的渊源、基本原理以及现代企业中常见的代理问题，本小节涉及的委托代理理论则从激励理论发展的角度展开。

从 20 世纪 30 年代开始，随着企业管理理论的发展，经济学家不只是将企业当作一个黑箱，从企业外部研究在给定的约束条件下企业如何对已有稀缺资源进行有效整合来实现其收益的最大化，而是开始逐步关注企业内部管理效率的问题，其中如何有效地对组织成员进行激励就成为一个重点讨论的内容[44]。20 世纪 70 年代以后，随着现代企业管理理论的发展，激励理论取得了突破性的进展，这些理论主要包括：交易费用理论、信息经济学、委托代理理论等[44]。交易费用理论认为能够降低交易费用的最好方法就是对制度进行合理设计，使所有者和经营者在一定程度上成为利益相关者。阿尔钦和德姆塞茨于 1972 年开始将研究重点从使用市场的交易费用逐步转移到对企业内部激励问题的解释上，提出了团队生产理论，认为企业的实质是一种"团队生产"方式，企业产品的生产依靠团队成员的协作共同进行，但在这个过程中不可能精确计量每一位成员的真实贡献，这样也就造成了给付的报酬并不能真实度量其努力程度，这就给了一些人偷懒的机会[44]。为了避免这样的问题，就需要依靠监督者对团队进行监督，并对监督者进行激励，这样激励模式的重点在于赋予监督者剩余索取权。

委托代理理论主要就是研究如何设计一份契约来解决由信息不对称下委托人和代理人双方利益的不一致性而带来的"道德风险"和"逆向选择"等行为，这正是企业激励理论的核心内容。在委托代理理论的支持下所建立的激励型契约制度必须满足以下条件：激励相容约束、参与约束以及委托人在支付给代理人报酬后所获得的效用，不会因采取其他任何契约而有所提高[45]。张维迎（2015）[46]总结了委托代理理论关于激励合约的两个主要结论：其一，在任何满足代理人参与约束和激励相容约束的前提下，在使委托人的预期效用达到最大的激励合约中，代理人都必定要承担一部分风险；其二，如果代理人为风险中性，则可以通过让代理人承受所有风险并享有唯一剩余索取权这样的合约来达到最优激励的效果。20 世纪 80 年代，动态博弈模型被引入委托代理理论的研究中，通过构建模型进行分析的方法论证在多次进行的、重复的代理关系中，竞争、声誉等因素对代理人所能发挥的隐性激励作用，丰富了委托代理关系中长期激励的内容。其中具有代表性的是 Kreps 和 Wilson（1982）[47]、Milgrom 和 Roberts（1982）[48] 构造的声誉模型以及 Holmstrom（1982）[49] 提出的代理人—声誉模型。前者强调参与人之间进行多次重复交易时，在长期利益的驱使下会考虑自己的声誉问题，从而促进相对长时间内合作均衡的实现，而不像单次交易中参与人通常会为了寻求自身利益最大化而选择用欺骗等手段进行机会主义行为。后者是将 Fama（1980）[50] 的思想进行模型化，Fama 认为竞争性经理市场中经理人的市场价值是由其过去的经营业绩决定的，因此，经理人必须从长远的角度来对自己的行为负责，努力工作从而保证其在经理人市场上的声誉，即便不存在显性的激励合同。

20 世纪 80 年代末到 90 年代初，激励理论研究开始挖掘控制权、经理人薪酬与企业业绩之间的制约关系。在 Grossman 和 Hart（1988）[51] 以及 Harris 和 Raviv（1988）[52] 的基础上发展起来的证券设计理论建立了投票和剩余索取权相匹配的模型，这一模型在经理人激励研究方面的应用主要表现在，由承受经营风险的投票人来决定经理的选择，经营业绩不佳的经理们会丧失对企业的控制权，由此激励经理们努力经营，提升业绩。将控制权与企业绩效联系起来被认为是激励经理人提高经营业绩的重要手段[53]。对总经理薪酬与经营业绩敏感性之间的研究得出的结论是二者呈正相关关系，高管提供的高报酬就像比赛理论一样，高额奖金会对被激励者产生作用。

进入 21 世纪，激励理论注重劳资双方的协作，也开始关注激励不良效果的一面并进行定量分析。由于金融危机的爆发，大公司薪酬操纵行为、企业过度激励的负面新闻被报道后，学者们开始反思，对激励理论的微观基础以及激励结构都进行了新的探讨。在激励方式上强调隐性激励比显性激励的效果要好；团队激励比个体激励更能促进合作；长期激励比短期激励更有利于企业的发展。在影响机理的因素中，开始关注传统的薪酬合同、晋升激励的负面性，同时更多地考虑社会心理以及行为方面的因素，比如公平、自尊、互惠等[43]。

2.1.3.2 管理学视角的激励理论

管理学视角的激励理论又被称为行为主义视角的激励理论，主要是以人的需求为出发点，从激励的目的和动机等方面来分析企业如何才能调动员工的工作热情，激发员工在工作中充分发挥其主观能动性和创造性，以保证公司正常、高效地运转，实现组织目标。自 20 世纪初泰勒提出科学管理原理后，激励问题在管理学中就成了一个重要的研究主题，激励理论也逐步发展，包容并蓄地吸收了更多的激励方式，来满足不同的需要，而非仅采用金钱激励的方式。由广泛的激励条件向更加明晰的激励因素过渡，由基础性研究深入到过程中去，形成了丰富的激励理论。按照激励问题研究的侧重点的不同以及其与行为关系的不同，管理学视角下的激励理论可以归纳并划分为内容型激励理论、过程型激励理论、行为改造激励理论以及综合激励模式理论[44]。

（1）内容型激励理论又被称为多因素激励理论，即以对人内心需要为出发点进行研究而形成的激励理论，注重对激励诱因进行分析。主要代表理论有：①马斯洛的需要层次理论。马斯洛将人的需要分为五个层次，即生理、安全、社交、尊重及自我实现，并认为这五种需要是按照顺序来逐级满足的，激励首先要判断激励对象所处的需要层级，通过对该层级需要的满足以及更高层级需要的满足来做适当激励。奥尔德弗总结了马斯洛的需要层次理论，并将其概括为 ERG 理论，即生存（Existence）、关系（Relatedness）以及成长（Growth）理论。②赫兹伯格的双因素理论。该理论将影响工作满意度的因素一分为二：一种为保健因素，即那些不会引起职工不满或抵触情绪的因素，如工作环境等；另一种是能够激励职工与工作内容相关的因素，如工作升迁的可能性等，称为激励因素。双因素理论的提出否定了马斯洛和奥尔德弗理论认为只要满足了员工的适当需求，就能起到激励作用的假设，而是认为保健因素没有激励效果，更应该对激励因素加以重视。③麦克利兰的成就动机理论。该理论认为人有三种基本需求：成就、权力和情谊。这里的需求是后天习得的，而非马斯洛理论中认定的本能行为。该理论相比前几种理论具有更强的实践指导作用，针对不同需要动机类型的人要采用对应的激励方式[53]。

（2）过程型激励理论重点研究人的动机是如何形成的以及行为目标的选择问题。最具代表性的有弗鲁姆的期望理论、亚当斯的公平理论以及波特和劳勒的综合激励等。这些理论研究表明，要了解被激励对象的行为动机和目标，设计一套有针对性的激励合约，才能充分调动被激励者的积极性和创造性。弗鲁姆的期望理论构造了"个人努力—绩效—报酬"的激励路径，强调了三者之间的递进关系。合理的绩效评价与相应的报酬给付对肯定和激励员工以及管理者很重要，因此根据所有者目标设定、选择适当的绩效评价指标很关键。

（3）行为改造激励理论，也被称为激励目的理论。激励的目的是改造或修正被激励者的行为方式，一般通过行为结果来判断是否受到激励。主要代表理论有强化理论以及归因理论。强化理论也被称为操作型条件反射理论，由心理学家斯金纳提出，他认为人的行为是受到外部环境刺激后的结果，对外部条件做适当改造，人的行为也会随之改变；削弱负面的不符合组织目标的行为，鼓励正面的符合组织需要的行为，这样反复进行便可更好地达到组织目标。

（4）由罗伯特·豪斯提出的综合激励模式理论综合了上述几类激励理论，同时考虑了内外部激励因素。内部因素主要包括：活动自身提供的报酬效价；对能否达到任务预定的期望值以及对完成任务的效价。外部激励因素主要包括：任务完成后取得的外在报酬效价，如升迁、加薪。综合激励模式强调激励效果是由诸多内外部激励因素共同作用产生的。

从上述对理论的简要回顾可以看出，管理学视角下的激励理论主要依赖行为科学中对需要、目标、动机以及行为之间关系的分析。人的动机源于需要，进而确定目标，激励则作用于人内心，唤起、驱使并强化人的行为。企业管理者则需量体裁衣，运用不同的激励手段，有针对性地满足员工需要，从而实现组织目标[54]。管理学视角下的激励理论从人性出发，能够从根源上分析业绩评价缘何能提高企业经营业绩，以及何种评价机制才能提高企业的经营业绩。

不可否认，现代企业的所有者与经营者既是委托人和代理人的关系，也是管理者与被管理者的关系，因此，对经理人的绩效进行合理评价并以此作为薪酬合约的重要参考因素既是经济学问题也是管理学问题。本书分析国资委推行 EVA 考核是否能对国有企业管理者产生激励约束，从而促进企业创新行为；不仅要从委托代理关系的角度进行分析，也要从人的特性出发，了解其目的、动机。由此可见，经济学与管理学视角下的激励理论均为理解、分析这一问题提供了强有力的理论基础。

2.1.4　高层梯队理论

高层梯队理论是由 Hambrick 和 Mason 在 1984 年提出的，在此之前对高层管理者的研究仅仅局限于管理者个人，包括其个人基本特征、心理特征等。但管理者的认知基础和价值观念受到外部环境和组织变化局限性的影响，管理者个人做出的决策可能也是局限性的。而 Hambrick 和 Mason 认为关于高层管理者的研究应集中在高管团队领域，他们的主要观点是：高层管理者即便是在相同的组织环境中并且拥有相同的战略信息，也不能保证他们做出的决策和选择是一样的，这是因为高层管理者的个人特征、价值观、判断能力、心理素质都存在一定的差异。

随着高层梯队理论被广泛应用，Hambrick 和 Mason 认为可以对高层梯队理论进行更深层次的探索。具体来说，高管特征中是否会存在反向因果关系和内生性，一般默认管理者的个人特征、价值观会影响高管作出的管理决策，但反过来过去的一些决策经历也可能会影响管理者的某些特质等；个人特征是否受到国家层面上组织文化的影响，不同的社会经济文化体制下的管理者特征、价值观等是否受到宏观环境和社会经济文化体制的影响；又或者个人特征会不会受到一些激励政策的交叉影响，高管的薪酬和持股比例也会影响管理者的某些特征进而影响管理者的管理决策。这些都是值得深入探索的问题。

通过高层梯队理论的相关研究，可以确定很多因素会影响企业战略决策或者管理者决策。其中较为常见的包括心理因素和人口统计学特征。心理因素作为不可直接观测的变量，在实际研究中存在较大的操作难度。Hambrick 和 Mason 也认为管理者心理层面的数据与真实情况存在一定差距。因此，研究的结论或许存在一定的不稳定性，但人口统计学特征能较好地解决这个问题。人口统计学特征如年龄、性别、教育背景等的数据比较好获得，相对来说也更可靠和真实。本书基于高层梯队理论，选择了管理者的年龄、性别、学历、任期、学科背景和职业背景六个特征来研究其与 EVA 考核、国有企业研发投资之间内在联系的影响。

2.2　文献综述

2.2.1　EVA 考核与企业研发投资相关研究

从管理学的角度，EVA 考核属于公司治理中管理层激励范畴，但是直接探讨 EVA 考核对企业创新影响的文献比较罕见。我国国资委自 2010 年起正式推行 EVA 考核，为研究 EVA 考核对企业研发投资影响提供了一个有利的契机，然而由于实施的时间比较晚，该主题的文献也相对有限。本小节先就

EVA 考核相关研究进行回顾和梳理，以对 EVA 领域的研究有一个整体的认知，之后单独就 EVA 考核对企业研发投资的研究进行回顾。

2.2.1.1　EVA 考核相关研究

经济增加值是以"剩余收益"理念为基础，计算企业税后净营业利润中扣除企业全部投入资本成本（包括债务资本成本和股权资本成本）后的所得。EVA 的核心理念是企业所有资本投入都是有成本的，只有当企业盈利高于所有资本成本时，管理者才会为股东创造价值。EVA 测度了企业的真实经济利润，它比传统的财务指标更加准确地反映了企业的经济实况，早期文献集中于研究 EVA 指标的有用性。王燕妮和王波（2004）[55] 认为 EVA 对企业业绩的评价更具有全面性和真实性。Stern（1995）[56]、胡玉明（2008）[57]、王雅和刘希成（2010）[58] 对此也非常认同。O'Byrne（1996）[59] 对比了 EVA、税后营业净利润与市场价值的相关性发现，相比税后营业净利润 EVA 能更好地估计企业市场价值。李亚静、朱宏泉等（2004）通过对 EVA 和传统财务指标和企业价值的相关分析得出 EVA 与公司价值的正相关性。即便肯定 EVA 指标有用性的研究比比皆是，一些学者对此仍然持谨慎或质疑态度，Biddle 等（1997）[60] 通过实证验证 EVA、RI、CFO 以及收益指标中哪个更能反映当时的股票回报，研究发现其相关性依次为：收益指标>RI>EVA>CFO。进一步将 EVA 分解，考察市场回报对 EVA 各个部分的反应如何。现金流以及应计项目与市场回报显著相关而 EVA 特有的资本投入和会计调增项却没有显著相关性。因此这两方面都证实了 EVA 以及 RI 都不如收益指标更能反映股票市场回报。王化成等（2004）[61] 通过研究也没有发现 EVA 指标好于会计利润指标的证据。Hechmi（2013）[62] 选取 1999~2005 年法国 82 家企业为样本检验 EVA 是否比其他传统财务评价指标更能体现企业价值，同样发现 EVA 指标并没有突出的优势，反而是传统的财务指标更能体现公司的价值。

一些学者认为 EVA 的实施有助于改善企业绩效，提升企业价值，如

Kleiman（1999）[63] 通过对比同行业间采用了 EVA 激励机制的企业和没有采用 EVA 的企业之间的股东回报的差别，通过对 2~4 年长短期维度来分别考察实施 EVA 的企业是否更能为股东创造价值。经过实证研究发现，从长期来看，采用 EVA 的企业创造的股东回报率高于同行业竞争者中位数的 28.8%，而从价值总量来看，采用 EVA 的企业比同行业中位数多出 1240 多亿美元。研究还发现采用 EVA 作为整体内部基础管理机制和激励机制的企业比在用传统绩效衡量指标表示的营运绩效也要优于没有使用 EVA 的企业。Ferguson 等（2005）[64] 研究发现实施 EVA 后，公司的盈利能力比其他同行业者显著增强。Woods 等（2012）[65] 通过案例研究发现，当公司将 EVA 作为企业内部控制的一项主要绩效指标时，这些公司能够更好地将自己公司的战略融入运营实践，即能够容易地与组织内部沟通自己的战略目标功能、贯彻并加以实施。但也有部分学者得出了相反结论，如 Sparling 和 Turvey（2003）[66] 发现在研究期间内实施 EVA 的公司和未实施 EVA 的公司股东收益与 EVA 变化都不存在显著的正相关关系。Biddle（1997）[60] 则详细论证和检验了采用 EVA 评价系统给企业带来的改变。通过对比实施 EVA 企业和未实施 EVA 企业的绩效和其他收益指标来验证实施 EVA 带来的效果，假设推断实施 EVA 能够改变公司的投资、融资以及运营决策，并为企业增加剩余收益、为股东创造价值。通过配对的方法将 40 家实施 EVA 的企业与 40 家未实施 EVA 的企业作为研究对象发现，实施 EVA 的企业会处置更多的资产并拥有更少的新投资项目，经营决策受到 EVA 实施的影响比较小，但是剩余收益确实比未实施 EVA 的企业高，超额收益在两组中没有显著差异。还有很多文章讨论了 EVA 指标在不同环境下的优势和劣势。

随着国资委 2010 年全面推行 EVA 考核制度，国内对 EVA 考核经济后果的研究才开始涌现。现有研究主要集中在对非效率投资的治理研究上。张先治和李琦（2012）通过对中央企业控股的上市公司 2008~2010 年的数据进行研究，实证检验了 EVA 考核对企业过度投资的抑制作用[67]。刘凤委和李琦（2013）在此基础上将样本区间拓展到 2011 年，也得到了同样的结果，并且进一步深入探讨了在不同市场竞争程度影响下的 EVA 考核对企业过度投资的实施效果差异，发现在市场竞争程度高的行业中 EVA 考核对企业过度投资的治理效果更显著。池国华和邹威（2014）[68] 将薪酬 EVA 敏感性引入 EVA 考核和非效率投资的研究中，分别检验了 EVA 考核对企业代理成本以及非效率投资的实施效果，证明了以 EVA 为核心的管理层薪酬激励机制通过降低企业代理成本有效抑制了非效率投资，且治理效果随 EVA 考核有效性的增强而加强。池国华等（2016）[69]、胡海波和颜佳琳（2018）[70] 就 EVA 考核对非效率投资的影响机制进行分析研究，从根本上探索解决企业非效率投资问题的具体措施和应对方法；余明桂等（2016）[71]、胡海波和颜佳琳（2017）[72] 对 EVA 考核和国有企业价值的关系进行研究，并发现 EVA 考核可以提高企业价值。李昕潼和池国华（2018）分析并检验了 EVA 考核对企业融资结构的影响，研究发现实施 EVA 考核可以推动中央企业提升总体负债水平，并且 EVA 考核对长期负债的影响小于对短期负债的影响[73]；何威风和刘巍（2017）通过实证研究发现，实施 EVA 考核后，与真实的盈余管理相比，中央企业更偏好应计盈余管理，而且替代效应会存在于应计盈余管理和真实盈余管理之中，特别是在上年利润率为负和两权分离程度较高的公司，在 EVA 考核制度下有着更强的盈余管理动机[74]；而梁上坤（2016）[75] 则研究了 EVA 考核实施对企业成本粘性的影响。

2.2.1.2　EVA 考核对企业研发投资的影响

国外学者对 EVA 考核与企业研发投资的研究十分罕见，唯有 Hatfield（2002）[76] 认为 EVA 考核从根本上改变了企业对于研发投资的态度，不再将其视为费用中心，增强 R&D 作为一项投资的意识，从而影响企业的绩效，提升企业未来价值。但是其仅仅从理论上进行分析，缺乏实证的检验。而 Lovata

和 Costigan（2002）[77] 在检验哪些因素会驱使企业实施 EVA 考核时，从组织战略的角度，用研发投资与企业营业收入的比值高低作为探索型企业和防御型企业的代理变量，通过对比实施与未实施 EVA 考核的企业发现，探索型企业（研发投资强度高的企业）并不倾向于使用 EVA 考核，这在一定程度上检验了 EVA 考核与企业研发投资之间的关系，但也并不是直接考察 EVA 考核对企业 R&D 投资行为的改变。

　　研发投资成为继非效率投资治理后，EVA 考核经济后果研究中的又一个焦点，探讨 EVA 考核与企业研发投资的文献日趋增多，但现有文献存在局限性，尚待完善和补充。袁晓玲等（2013）[78] 以 2007~2011 年中央控股企业为研究对象，通过计算企业年度以及三年 EVA 值，试图分别从短期和长期视角来探讨 EVA 考核对企业研发投资的影响，研究发现研发投资与年度 EVA 值呈负相关关系，而与三年 EVA 平均值呈正相关关系，从而得出 EVA 考核在短期内无助于企业研发投资，而在长期视角下有益。王燕妮和段雯娟（2014）[79] 以 2007~2011 年披露研发投资的上市公司为样本，分行业对比分析了研发投资对国有企业 EVA 考核体系的影响及滞后效应，同样也得出研发投资对 EVA 的正向影响效应，且对滞后一年的影响大于对当期的影响，对滞后两年 EVA 影响不显著，而非国有上市公司研发投资对当期、滞后一期、滞后二期的 EVA 均有显著正向影响。胡海波和颜佳琳（2017）同上述学者一样并不是基于 EVA 绩效考核实施这一政策变化来考察其对研发投资的影响，而是单纯地以 EVA 作为一种替代传统企业绩效的指标探讨研发投资对企业绩效的影响，实际是证明了国有企业研发投资越高，EVA 考核指标越好，即企业可以通过提高研发投资迎合考核需要。这与 Tseng（2008）[80] 的研究结果类似，Tseng 通过对中国台湾电子行业的实证检验研发投资对企业的销售收入和 EVA 指标之间的关系，发现 EVA 考核并没有达到政策检验的目的。

　　近年来，越来越多的学者就 EVA 考核政策实施对企业研发投资的影响进行实证检验。李志学等（2014）[81]、鲁冰等（2015）[82] 将 EVA 考核作为虚拟变量进行检验，在一定程度上证实了 EVA 考核对企业研发投资的促进作用，但是限于研究方法，没有办法克服研究中存在的内生性问题，并不能真正验证实施 EVA 考核后研发投资的提升是由 EVA 考核本身带来的。池国华等（2016）、余明桂（2016）及郝婷和赵息（2017）采用了较为合理的研究设计，就 EVA 考核对企业研发投资（专利产出）的影响效果进行了检验，证实了中央国有企业的研发投资（专利产出）在 EVA 考核实施后显著提升。夏宁等（2019）[83] 在研究中发现 EVA 考核确实能提高企业的科技创新水平，但这一关系存在显著的行业差异。

2.2.2 管理层激励对企业研发投资的影响

不同管理层激励方式的风险激励能力不同，管理层研发投资决策会产生不同的影响，国内外学者对管理层激励与研发投资关系的研究比较丰富，主要激励方式包括薪酬激励、股权激励以及晋升激励等。对于一个企业而言，最主要的经营者是企业的高管，企业的高管掌握着企业的决策权，所以企业进行研发投资所需要的各种资源都与企业的高管有着不可分割的关系，即高管的行为可能会在一定程度上对研发投资产生影响，因此，许多学者针对二者之间的关系做了详细探究，但研究结果并不一致，下文分别针对薪酬激励、股权激励与晋升激励三部分进行文献总结。

2.2.2.1 薪酬激励与研发投资

薪酬激励作为一种较为常见的激励形式，是目前企业最主流的一种激励方式，薪酬激励主要通过在高管薪酬上进行设计，即在高管达到一定的条件之后给予员工奖惩的一种激励方式。在薪酬激励与研发投资的相互关系方面，国内外学者主要的观点包含正相关、负相关、非线性或不相关。大多数学者认为薪酬激励可以正向促进企业研发投资，经过丰富的研究发现，薪酬激励的实施可以使企业显著地加大研发强度[84、85]、提升企业研发效率[86]，且薪酬激励对研发投资的促进作用在市场竞争程度较高的情况下更加显著[87]。除此之外，针对激励对象方面，李春涛和宋敏（2010）单单针对企业 CEO 进行研究，发现对其实施薪酬激励政策的确可以促进企业加大研发投资，且民营企业相较国有企业效果更加显著[88]；针对不同行业，王燕妮（2011）针对制造业进行研究，经过实证检验证明薪酬激励对研发投资有促进作用，且短期报酬越高其促进作用越明显[89]。卢锐（2014）认为高水平薪酬可以提高企业创新投资，业绩薪酬敏感性的提高有助于约束高管的创新资源滥用行为。解维敏（2018）认为，业绩薪酬作为最优契约理论中协同管理层和股东利益的有力工具，理论上能够引导管理层作出更具效率的投资决策从而提升企业价值，但由于创新活动的高风险及不确定性，对企业短期绩效的提升产生不利影响，使得以业绩定薪酬的激励机制对创新活动产生不利影响。刘振（2014）发现，在国有控股公司，研发投资由于没有纳入高管考核变量和年薪支付依据，使得高年薪带来更少的研发投资，而股权报酬可以促进企业提高研发投资。

还有一部分学者认为二者之间的关系是呈负相关的，如 Lener 和 Wulf（2015）选取美国高新技术企业为主要研究对象，发现在货币薪酬激励时长较短时，对企业加大研发投资并不一定产生促进作用[90]，甚至产生负面的影响，且当企业正处于市场化程度较高的水平时，其产生的负面影响更强[91]。

除此之外，还有一部分学者认为二者之间的关系是呈倒"U"型的关系，针对不同企业性质和行业类型，徐宁和吴创（2015）、苗淑娟等（2018）分别以民营中小上市公司、医药制造类公司作为研究对象，均发现二者之间确有倒"U"型关系[92-93]，姜涛和王怀明（2012）从企业的实际控制人入手，再次证明高管薪酬激励与研发投资在国有企业中呈倒"U"型关系，但在非国有企业中，二者不相关[94]。

姚颐等（2013）、陈彬和姜皓天（2017）却认为，在包含 EVA 业绩指标的考核与薪酬契约下，高管薪酬与 EVA 紧密挂钩，中央企业高管的短视行为被削弱，从而加大研发投资的力度。蒲文燕和王山慧（2015）通过研究发现，高管薪酬激励在非融资约束的国有企业中对研发投资存在激励效果。李文贵和邵毅平（2017）研究发现，国有企业高管薪酬差距可以促进企业创新活动，政治升迁带来的晋升激励对高管薪酬差距产生替代激励效应。

2.2.2.2　股权激励与研发投资

管理层持股或对管理层实施股票期权支付可以统一管理层与股东之间的利益，有效地缓解代理问题，使两方成为"一根绳上的蚂蚱"，从而促使管理层更有动力进行研发投资。近年来，股权激励与研发投资的关系受到广泛关注，研究结果却未能达成一致。在股权激励与研发投资的相互关系方面，国内外学者主要的观点有正相关、负相关或非线性。对高管实施股权激励可以有效地提升高管加大研发投资的意愿[95-96]，绝大多数学者都得出了二者之间存在正向促进作用的结论。针对不同企业类型，何卫红和陈燕（2015）以创业板高科技企业为研究对象，发现股权激励对研发投资有显著的促进作用[97]。邵剑兵等（2019）又结合 2008 年金融危机的背景，针对企业 CEO 进行研究，发现股权激励对研发投资的促进作用会随 CEO 激励强度的增大而不断加强，但二者之间的促进作用受到金融危机的影响，即对有金融危机背景的 CEO 实施股权激励会抑制企业加大研发投资[98]。学者将行业与员工种类进行细分，发现在高新技术行业中，持股比例越大、激励对象为核心员工或经理人时，股权激励对研发投资的促进作用更加显著[99-102]，除此，还有学者针对二者关系考虑了不同的条件，例如在公司业绩更好、市场化进程适中时，二者关系呈正相关[103-104]。

还有一部分学者认为股权激励与研发投资二者之间的关系是呈负相关的，DeFusco 和 Zorn 等（1991）认为企业在实施了股权激励以后，会使得高管降低对加大研发投资的意愿[105]，且当企业中的董事长手中拥有股票数量越大时，企业反而会减少创新投入[106]。对于不同行业可能会出现不同结果，杜剑等（2012）单独对我国创业板公司进行了实证研究，二者之间的负相关关系再次得到验证[107]。

除此之外，还有一部分学者认为，在沪深 A 股上市公司中二者之间的关系呈倒"U"型，针对不同的行业类型，学者们又分别以工业类公司、高新技术类公司作为研究对象，依然验证了股权激励与研发投资之间存在的倒"U"型关系[87,91,108,109]。在此研究的基础上，谭江伟（2013）发现这种非线性关系仅在非高科技企业中存在，且二者之间的倒"U"型关系存在滞后效应[110]。

2.2.2.3 晋升激励与研发投资

晋升激励是通过为高管提供一定的晋升机会，以此提升其工作积极性，为企业提高效益。晋升激励对研发投资的影响主要集中在国有企业，现有研究并未达成一致性结论。

大部分学者认为晋升激励与研发投资之间是呈正相关的，侯静茹和黎文靖（2017）通过实证检验发现，企业高管团队的薪酬差距会使高管加大企业专利产出的意愿，促进企业进行研发投资[111]。周铭山和张倩倩（2016）认为晋升激励作为一种短期激励虽然降低了企业研发投资，但提高了研发产出，表现为研发效率的提升，提高了企业价值[112]。与薪酬激励相比，晋升激励对企业增大研发投资量的作用更加显著[113]。Goel 和 Thakor（2008）从风险承担的角度对二者的关系进行了研究，发现企业高管的薪酬差距可以使高管愿意承担更大的因加大研发投资而产生的风险[114]，团队规模的大小和股东不同的持股比例都会在一定程度上抑制二者之间的促进作用[115]。

还有部分学者持相反的观点，认为晋升激励会抑制企业加大研发投资。Lin 等（2013）以高新技术类企业作为研究对象，发现得到晋升的高管薪资相比未得到晋升的高管有很大不同，因此在加大研发投资时，未得到晋升的高管便会以一种消极的方式对待，从而抑制企业加大研发投资[116]；康华等（2016）、朱永明等（2017）针对创业板公司进行分析，发现对企业不同类型人员进行激励，对研发投资的影响结果有所不同：朱永明和贾明娥（2018）用薪酬差距代表晋升激励，对我国上市公司进行研究，发现高管晋升激励与研发投资显著负相关。高管在得到晋升激励后并没有有效促进企业加大研发投资，而员工得到晋升激励后可以对企业加大研发投资产生有效影响，且企业的成长性会调节二者之间关系[117-119]。

2.2.2.4　管理层激励与 EVA 考核相结合的研究

经上述文献总结可知，管理层激励与 EVA 考核作为不同的激励机制，其对企业加大研发投资的激励效果已得到相当丰富的论证。除此之外，有学者结合不同的影响因素更进一步地进行探究。池国华和邹威（2014）发现与 EVA 结合使用的高管薪酬政策能够更加有效地降低企业代理成本，从而达到有效抑制企业非效率投资的效用[120]。肖永慧和段康（2020）发现当引入 EVA 考核后，股权激励就不再能起到抑制企业费用粘性的效用，故称二者之间是替代关系[121]。

陈彬和姜皓天（2017）从薪酬激励角度来看，中央企业的管理者薪酬 EVA 敏感性越强，研发投资强度越高，即在管理者薪酬与 EVA 紧密相关、管理者薪酬很大程度上取决于 EVA 考核指标的情况下，中央企业管理者会加大企业的研发投资力度[122]。俞鸿琳和张书宇（2016）认为，我国国有企业高管的行为选择更多受到晋升激励（隐性激励）的影响，薪酬激励（显性激励）的效果有限，晋升激励中关键业绩考核指标的改变会直接影响管理层的投资方向，2010 年前中央国有企业的业绩考核以利润为主，2010 年后引入 EVA 作为业绩考核主要指标，通过研发投资调整项，减少了研发投资对以往企业短期绩效产生的不利影响，抑制了高管的短视行为。因此，EVA 考核实施后，管理者会通过努力保住职位并争取晋升，在这个过程中势必要考虑 EVA 业绩的内在要求，提高企业研发投资，即由于晋升激励的驱动，中央国有企业研发投资显著提升[123]。李莉等（2018）搜集了 2007~2015 年国有企业高管调动升迁的具体数据，研究发现在以 EVA 和利润为考核指标的短期考核下，国有企业的晋升激励不利于企业研发投资，并且管理者权力越大，晋升对研发投资的抑制作用越大。

2.2.3　管理者特征对企业研发投资的影响

高层梯队理论（Hambrick 和 Mason，1984）认为高管背景特征影响其认知能力、个人信念和价值观等心理特征因素，进而影响其行为选择。实际工作中的高管并非经济学上假设的"完全理性人"，有限理性使他们的行为往往更多地受到其认知能力、个人信念、价值观等心理特征因素的影响。然而，高管的这种心理层面的特质可以通过其人口特征来表征。近年来，随着高层梯队理论的发展，学术界开始深入研究管理者特征对企业研发投资的影响。

2.2.3.1　年龄对研发投资的影响

大多数学者认为年龄对企业研发投资产生负向的影响，即年龄越大的管理者越倾向于减少投资，如康艳玲等（2011）采用 2003~2006 年沪深两市的高新技术企业为研究对象证实年轻的管理者会促进企业的研发投资[124]；Barker 和 Mueller（2002）、文芳（2008）、李焰等（2011）、王昌荣和李娜（2019）也都认同年长的管理者比年轻的管理者对研发投资产生的作用更小[125-128]。Bantel 和 Jackson（1989）认为，随着管理团队年龄的增长，管理者投资分析能力会降低，对创新产生一定的抵制倾向，并且在做出决策时信心开始下降[129]。此外，年长型管理者体力和精力不如年轻的管理者，而且前者大多数会习惯性地回避风险，而研发活动的特点就是周期长、风险大。但也有少许学者对此持不同的观点，如魏立群和王智慧（2002）的研究结果表明，年龄和企业绩效呈正相关关系，管理者多年以来积累的相关管理经验和丰富的经营关系对提升企业绩效产生了不可磨灭的影响[130]；而韦小柯（2006）表示高管团队年龄对研发投资并没有显著影响[131]。

2.2.3.2　学历对研发投资的影响

众多探讨管理者学历与企业研发投资关系的研究，大致产生两类结论。一类是无效观点，韦小柯（2006）认为教育程度对企业研发投资并无影响[131]；李焰等（2011）经过实证研究发现管理者的学历与企业投资效率之间的关系是不显著的[127]。另一类是有效观点，如 Camelo-Ordaz 等（2005）提出，受教育水平较高的管理者其创新意识和创新能力更强，而受教育水平较低的管理者往往通过日常惯例进行判断和决策，他们更愿意保持目前的状态[132]。姜付秀等（2009）实证检验认为不管是管理层还是董事长，无论是国有控股企业还是非国有控股企业，提高公司管理者的学历水平都有助于降低公司的过度投资行为[133]。王昌荣和李娜（2019）研究发现，管理者的学历能在控制企业财务状况对企业创新成果的非线性影响的情况下，显著促进企业的科技创新[128]。李国勇等（2012）利用 120 个城市 12065 家企业的调研数据，通过实证分析得到 CEO 教育水平与企业研发投资水平显著正相关的结论[134]。康艳玲等（2011）也通过实证研究得到管理者学历对研发投资产生正向影响的结论[124]。

2.2.3.3　任期对研发投资的影响

国外学者 Grimm 和 Smith（1991）[135]、Miller（1991）[136] 和 Barker 等（2002）[125] 的相关研究都表明 CEO 的任期与研开投入存在一定的联系，但 Bushee（1998）注意到当 CEO 在离任或者临近退休时期，他们有强烈的意愿减少研发费用[137]。国内大多学者如刘运国和刘雯（2007）[138]、康艳玲等（2011）[124] 和李国勇等（2012）[134] 认为，管理者任期与企业研发投资存在显著正相关关系。文芳和胡玉明（2009）早期在研究高管个人特征和研发投资关系时，将管理者划分为青年组和高龄组，研究发现青年组的任期会有效促进企业研发投资[139]。李培功和肖珉（2012）、张兆国等（2014）进一步将管理者任期分为预期任期和既有任期，他们一致认为既有任期与研发投资呈倒"U"型关系，管理者预期任期与研发投资正相关，即国有企业 CEO 的既有任期较长，企业的过度投资则越严重；预期任期越短，过度投资问题越能得到缓解[140-141]。还有一些学者得到不同的研究结论，他们认为任期越长越不利于企业研发创新。如刘兵等（2011）和张璇（2015）通过研究发现，高管平均任期、CEO 任期对企业的创新投入产生了消极作用，也就是说任期越长，CEO可能越缺乏动力进行创新活动，从而在一定程度上不利于企业研发投资的发展[142-143]；而李海东等（2018）通过对任期与研发投资的研究，明确了大致的结论方向，他认为 CEO 任期越长越容易影响研发投资正向跳跃，有更多的意愿进行研发投资负向跳跃[144]。Hsu 等（2020）对比了创始人 CEO 和代理 CEO不同任期对研发投资的效应，研究发现代理 CEO 的任期与研发投资呈现倒"U"型关系，而创始人 CEO 的任期越长越不利于企业研发投资[145]。

2.2.3.4 性别对研发投资的影响

随着女性在企业发展中越来越具领导力，研究女性管理者对企业贡献的文献也越来越丰富，尤其是在企业技术创新和企业绩效等方面。国内外关于这一研究领域的研究结论可分为三类。第一类是"促进论"，任颋和王峥（2010）、曾萍和邬绮虹（2012）分别将人力资本、社会资本和人力资本、行业差异作为调节变量，研究发现女性高管对企业绩效和企业技术创新产生的创新作用特别显著[146-147]；Smith 和 Verner（2006）、Amore 等（2014）先后以意大利和丹麦 2000 多家大型企业作为研究对象，得到了女性高管确实能提高企业绩效的结论[148-149]。第二类"抑制论"，王清和周泽将（2015）以中国 2009~2012 年的 A 股上市公司为样本进行实证研究，研究结果表明女性高管参与决策的企业其研发投资发展会较慢，但是女性 CEO 会调节女高管对研发投资的抑制效果[150]。第三类"无关论"，康艳玲等（2011）认为高管的性别特征并没有对企业研发投类产生较显著的影响[124]；Campbell 和 Minguez（2008）收集了 68 家马德里非金融企业的面板数据并以此作为研究样本，发现女性参与高管团队没有对企业经济价值产生显著影响[151]；Carter 等（2010）将与美国标准普尔 500 指数有关的 641 家企业作为研究对象，得到的结论是女性是否参与高管团队并不会提升或者降低企业的经济绩效[152]。

2.2.3.5　学科背景对研发投资的影响

大量文献集中关注管理者个人特征（年龄、性别、学历等）对研发投资的影响，但却罕有学者从学科背景角度研究。学科背景是指高管所受教育的专业，包括理工科、商科、文史等[153]。Hambrick 和 Mason（1984）认为专业教育会影响一个人的认知偏好、问题理解、信息处理方式等心理特征[154]。学者们对学科背景对 R&D 的影响持不同的观点，如 Wiersema 和 Bantel（1992）研究发现工程、科学专业背景的高管会更注重企业创新[155]；李华晶和张玉利（2006）以天津市科技型中小企业为实证研究样本，深入探究后得到了专业背景与企业创新呈显著正相关的结论[156]；Lin 等（2011）发现拥有相关的专业背景的 CEO 在商业决策上更有技巧、更倾向于冒险，从而影响他对企业研发创新的看法[157]。余恕莲和王藤燕（2014）研究发现就职于高新技术企业的高管其专业背景对研发投资有明显的促进作用[158]；钱学洪（2016）通过固定效应模型得到的研究结果表明，企业中拥有财务专业背景的董事人数越多、比重越大，该企业研发投资就会越多[159]；李四海和陈旋（2014）研究发现，拥有技术专业背景的企业家相比于拥有其他学科背景的企业家会进行更多的研发投资，并且这种正向的影响在企业受到融资约束时更为显著[160]。而何威风和陈娥（2017）通过对上市公司 2008～2014 年的面板数据进行实证研究，发现拥有理工科背景的 CEO 会增加企业创新投入，而具有商科背景的 CEO 则不支持对创新投入太多[153]。Loukil 等（2020）选取了 2001~2013 年 SBF120 指数上的所有上市公司进行研究，他们认为当 CEO 取得了科学或工程学位时，与受过商业和管理教育的 CEO 不同，前者更倾向于增加研发支出[161]。

2.2.3.6 职业背景对研发投资的影响

从已有的研究中可以总结出，管理者的职业背景对企业的研发投资产生积极影响。如姜付秀等（2009）的研究结果表明，国有控股企业的董事长如果从事过金融、会计或经济管理类的工作，那么该企业所受到的过度投资影响将越小，但这一结论无法在非国有控股企业样本中被证明[133]。但文芳和胡玉明（2009）表示，高管的技术职业经验越丰富，公司的 R&D 强度越高[139]。韦小柯（2006）认为拥有研发背景的管理者更注重研发投资带来的产出后果[131]。Barker 和 Mueller（2002）认为，CEO 在不同职能部门的职业经验对企业研发决策很重要，因为他们对新技术的认知会因之前的职能经验而有所偏差[125]。郝盼盼等（2019）研究发现有研发工作经历的 CEO 将会有效提升企业研发投资并进一步探讨其影响渠道，最后得到外部信息学习机制和内部人员挽留机制成为主要影响渠道，而风险承担机制不是影响渠道的结论[162]。

2.2.3.7 管理者特征的调节作用研究现状

由于具有不同特征的管理者在面对同样的内外部条件时，做出的行为选择有很大区别。近年来，管理者特征通常会被作为调节变量，加入分析管理层激励对高管行为选择的研究框架。如李莉等（2018）在研究晋升激励对企业过度投资的影响时，引入高管背景特征，检验了晋升激励对于不同年龄、任期、性别、学历的高管在面对晋升激励时对过度投资的不同影响，加深了高管晋升激励对过度投资的研究深度[163]；陈华东（2016）在研究股权激励与企业创新关系时引入了高管任期这一管理者特征[164]；王燕妮和宋婷（2013）针对 2010~2011 年披露过研发数据的公司，对其研发数据进行处理和分析后认为，高管团队年龄异质性和教育水平异质性在研发投资与企业绩效的关系中起调节作用，且都是纯调节变量[165]；林明等（2019）以电子信息类企业为研究样本进行团队任务断裂带与探索性创新绩效之间关系的研究，分析结果表明拥有技术背景的 CEO 对团队任务断裂带与探索性创新绩效间关系并无显著调节作用[166]。

2.2.4　文献述评

总体而言，国内外学者从 EVA 考核、管理层激励以及高管特征角度对高管研发投资决策行为进行了广泛而深入的研究，取得了较为丰硕的成果。在 EVA 考核指标的有效性得到证实后，国内外学者针对 EVA 考核与研发投资之间关系的研究也越来越多。国内的文献研究与国外相比起步略晚，加之国内外环境有很大的不同，研究对象与研究方法也会存在一定差异，故会产生不同的研究结果。

管理者特征对研发投资影响的研究中，除了关于管理者学历和职业背景的相关研究结论能达成一致，认为学历和职业背景都是正向影响企业研发投资，但是大部分管理者特征对研发投资的结论尚未得到统一，并且现有文献没有将从人口统计学角度衡量的管理者特征引入 EVA 考核和研发投资的研究框架中来。对于年龄、性别、任期和专业背景这些特征，其结论类型大致可以分为三类，即与研发投资呈正相关、负相关和无关。此外，在研究任期和专业背景的文献中，学者们进一步按特征的不同特点划分成既有任期和预期任期或者理工科背景和经管专业背景，以得到更符合实际情况的结论。

现有文献虽然已经比较丰富，但仍可从如下几个方面深入推进：

（1）通过上述回顾可以发现，由于国有企业的特殊性，学者们主要从晋升激励和薪酬激励两个方面挖掘管理层激励机制对高管研发投资的影响机理。特别是在实施 EVA 考核后，由于业绩指标的改变可能直接影响薪酬契约和晋升激励对高管行为的导向性，从而驱使高管对自身收益和成本进行权衡，做出是否加大研发投资的决定。针对 EVA 考核、管理层激励与研发投资三者之间关系的研究有待补充。应该进一步深入探究其他管理层机制与 EVA 考核共同影响研发投资行为的激励效果。

（2）在研究管理层激励对研发投资的影响时，除了单纯研究某一种激励方式对企业研发投资的影响，很多学者会将不同的激励方式进行比较研究，但研究不同激励方式共同对研发投资影响的文献比较缺乏。因为高管的决策是在各种激励方式共同作用下做出的，所以研究不同激励机制对企业研发投资可能存在的互补或替代效应是非常有意义的。

（3）管理层特征对企业研发投资影响的文献十分丰富，但针对国有企业的研究比较缺乏。在 EVA 考核对企业研发投资影响的研究中，忽视了管理者特征这一重要因素，应将管理者特征引入 EVA 考核对国有企业研发投资影响研究的框架中，即将管理者特征作为调节变量研究管理层激励与考核对研发投资影响的文献有待丰富。

第3章 制度背景与理论分析

3.1 国有企业制度背景分析

众所周知，企业从事的任何经济活动都深受其所处的制度背景影响，要研究企业的经济活动自然应对其所在的社会制度进行分析。我国目前绝大部分上市公司源于国有企业改制，摆脱不了国有企业与生俱来的缺陷，如：国有企业的政企不分；国有企业的股东表面存在，实为虚设，存在"缺位"现象；内部人控制问题严重等。因此，要深入剖析国有企业绩效考核对研发投资的影响，必须结合国有企业改革发展历程，以及在这个过程中形成的具有中国特色的独特制度背景来进行分析。

3.1.1 国有企业改革历程

中国一直坚持走社会主义发展道路，新中国成立初国家物质和资源匮乏，为了集中力量办大事，实现以资本密集为特征的重工业优先发展的战略目标，仿照苏联的计划经济模式，将历史遗留的民族工商业进行公有制改造，国有企业应运而生。我国国有企业的诞生可谓是社会主义体制下的必然制度安排。计划经济体制下的国家从上至下通过高度集中的管理，将社会经济生活的方方面面都按计划运转，企业内部的人、财、物、供、产、销更是完全依计划安排执行，政府组织担负着制定国家计划的重任，而各国有企业只需要按照指示进行生产，不必考虑产品销路、企业盈亏等问题。这样的经济体制虽然能够最大限度地保证国有资产不被侵蚀，但同时也极大地限制了企业的经营自主权，由此带来的激励约束不足、效率低下等问题也尤为突出，真正具有划时代意义的经济改革以 1978 年党的十一届三中全会召开为标志。为了解决计划经济体制下国有企业的顽疾，不断深化放权让利思路，在宏观层面实行国有资产管理体制，在微观层面建立并完善现代企业制度，中国经济踏上了改革开放的发展道路。国有企业改革发展 40 多年的历程大致梳理如下：

（1）1978~1982 年：国有企业"放权让利"阶段。十一届三中全会以来，党和国家将工作重心转移至经济建设上来，确立了改革开放的基本国策。为了解决当时物资短缺的问题，改革的重要内容之一就是国有企业的放权让利，以调动企业积极性，提高企业生产能力。"放权"即权力由集中于中央的状态下放到地方和各企业，赋予它们更多的经营自主权；"让利"即改变原来利润全部上缴国家的政策，允许企业自身适当保留利润。改革的另一重要内容是提出了"以计划经济为主，市场调节为辅"的经济运行原则。这些理念和政策的实行，使国有企业焕发新生，企业上下长期被束缚的主动性和创造力得以释放，开始形成市场经济意识，取得了阶段性成功。

（2）1983~1986 年："利改税"阶段。诚然，放权让利激励国有企业不断提高生产能力，与此同时，由于信息不对称，加之约束机制不健全，国有企业逐步形成了由"内部人"控制的局面，出现企业为了更多的利益留存而缩减计划指标、提高自销比例、不按要求完成调拨计划以及逃避财政上缴任务等诸多问题。另外，在此阶段，国家提出了"计划与市场相结合"目标，因此，全民所有的国有企业不再是唯一的企业形式，一些市场基础较好的地区，乡镇企业蓬勃发展。针对企业性质的多元化以及国有企业在放权让利过程中出现的问题，国家在 1983 年实行了"利改税"政策，以此协调企业与国家之间的利益分配问题，确保放权让利能够有序、深入进行，改变了国有企业在计划经济时期遗留下来的利、税不分的现象。"利改税"从本质上改变的是政府对企业的管理方式，由原来的行政控制转变为市场约束，使计划经济下政企不分的格局被打破。虽然是一种有益的尝试，但是由于企业的内外部条件与环境迥异，利改税的政策难以得到有效的实施，效果并不理想。

（3）1987~1991 年：国有企业"经营承包责任制"阶段。"利改税"政策的实施没有促使国有企业增产增效，反而带来了利润下降、积极性减退的后果。为了避免这样的情况持续恶化，进一步推进企业市场化进程，国务院推出企业经营承包制度，遵循"包死基数、确保上缴、超收多留、欠收自补"的承包原则。承包制度尝试以契约的形式明确国家与企业双方的责、权、利，但是由于这种关系仍然属于行政范畴的委托和代理关系，没有真正做到所有权和经营权的分离，从而致使大量承包企业出现短期行为，国有企业的生产能力和效率依然不济。

（4）1992~2001 年：市场经济的公司制改造阶段。国有企业在前几个阶段的实践中逐步缓解了产品短缺的现象，但是产权问题依然是国企改革成功与否的要害。1992 年党的十四大首次明确了"建立有中国特色的社会主义市场经济体制"，政府也开始积极推进股份制公司及国有企业改制，并于 1993 年提出国有企业改革方向是要建立"产权清晰、权责明确、政企分开、科学管理"的现代企业制度，成为自主经营、自负盈亏的法人。至此，国有企业改革结束了仅限于经营权调整的时代，进入了产权制度的创新阶段。经营承包责任制也在 1993 年国家推出财政和税收体制改革后退出了历史舞台。随后国务院出台建立国有企业公司制度改革试点相关政策，产权制度改革取得了一定的进展，但是也存在大多企业制度改革流于形式的问题，国有企业中绝大部分依然维持着国有独资控股或者国有绝对控股的股权结构。随着改革开放的深入，民营经济、外资企业蓬勃发展，相比之下，国有企业面临着亏损日益严重的困局，生产经营愈发艰难，加之放权让利及改革进程中监管机制的不健全所带来的日益增长的管理层权力，加深了国有企业内部责、权、利关系不明确，这样的矛盾促使国有企业加快了国有资产管理体制的变革。

（5）2002年至今：国有企业全面改革阶段。在经历了一系列改革举措之后，国有资产没有统一的产权代表，看似国家统一管理，但实质上经常多部门共同参与，因此，也相当于没有确切的负责人，这样的体制造成了国有企业的经营效率一直偏低。2002年党的十六大提出了新的国有资产管理宗旨，在坚持国家所有的前提下，充分发挥中央和地方两个积极性。国家要制定法律法规，建立中央政府和地方政府分别代表国家履行出资人职责，享有所有者权益，权利、义务和责任相统一，管资产和管人、管事相结合的国有资产管理体制。2003年，国务院国有资产监督管理委员会成立，将196家重大影响国民经济的特大国有企业或企业集团确定为中央企业，行使对中央企业的监管职能；地方也相继成立地方国有资产监督管理委员会来监管地方国有企业。中央以及地方国有资产监督管理委员会的成立在机构设置方面实现了政企分开，更有针对性地进行国有企业绩效考核、产权转让以及企业投融资决策，使国有企业改革迈入了崭新阶段。

2013年以来，我国明确了国有企业分类改革的发展目标，进一步完善国有企业公司治理结构，实现以国企功能为导向的混合所有制改革，推动国资监管模式从管资产向管资本转变。对于国企改革的未来，2020年6月，《国企改革三年行动方案（2020-2022年）》通过中央全面深化改革委员会审议。这标志着国企改革将在国企混改、重组整合、国资监管体制改革等方面进入新阶段。在这一阶段，国有企业依然是国民经济和社会发展中的"排头兵"，方案的核心是"抓重点、补短板、强弱项"，未来改革的重点是要继续健全现代企业制度、完善国资监管体制、深化混合所有制改革、加快国有资本布局优化调整。

纵观过去几十年的国有企业改革历程，其核心内容一直围绕着放权让利和产权制度明晰两个方面，国家通过各种改革政策赋予企业更多自主经营的权利，调动企业积极性，将传统的计划经济体制转变为中国特色的社会主义市场经济体制，逐步实现政企分离，可谓成绩斐然。但同时，这样的改革的确是"摸着石头过河"，不少改革的方案是在解决当时企业遇到的新问题，并且很多流于形式。由于不断的放权让利，加之监督管理机制的不健全，内部人控制问题和管理层权力过大问题普遍存在，成为束缚国有企业向前发展的桎梏，也是绝大多数国有企业顽疾的根源。

3.1.2 国有企业委托代理关系

委托代理关系存在于基于所有权和经营权分离的现代企业制度中，结合我国国有企业改革发展历程可以发现，国有企业的两权分离比较特殊，不是完全依赖于产权明晰的市场经济体制，无法将所有权与经营权彻底分开，而是在政府和企业之间周旋，政企分开也正是国有企业改革解决的核心问题之一。国有企业存在一种特殊性就是企业的性质为全民所有，导致了实质上所有者的"缺位"，因此，很难像私有企业的所有者那样将企业的经营权委托给代理人代为管理、监督，存在委托人缺失的现象。国有企业建立现代企业制度就自然由传统企业的管理者，即政府官员来替代行使委托人挑选、任命企业经营者的使命，以实现两权分离。由此可见，我国国有企业的产权性质决定了其委托代理结构的复杂性。

我国国有企业委托代理关系经梳理大致可分三个层次：第一层是作为初级

委托人的全体公民委托人民代表大会行使国有企业出资人权利，这一层委托代理关系属于政治体制范畴，不在本书中讨论；第二层是作为次级委托人的人民代表大会（即第一层委托代理关系中的初级代理人）委托各级政府、国有资产管理机构及国有企业各监管部门对国有资产进行管理，属于行政委托；第三层是作为终极委托人的各级政府、国有资产管理机构及国有企业监管各部门（即第二层委托代理关系中的次级代理人）委托作为终极代理人的国有企业管理者经营国有资产，属于经济委托。国有企业的各项权利在各级委托人及终极代理人之间分配，参见图3-1。

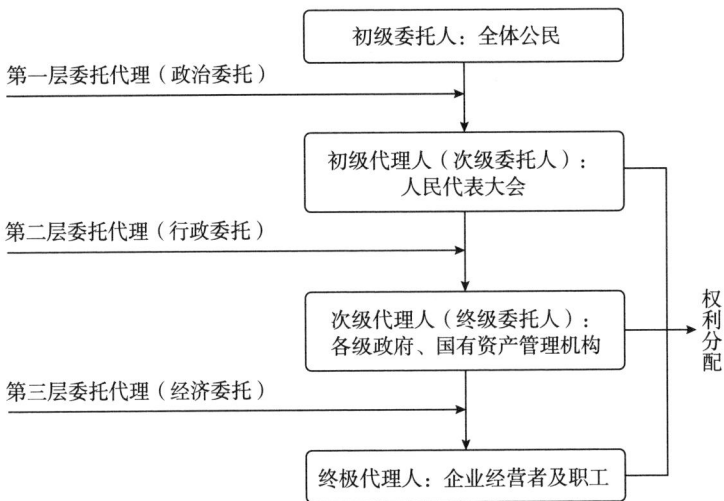

图 3-1 国有产权委托代理关系

国有企业的所有者要通过层层代理才最终将委托权交到经营者手中，这样的多层代理关系不可避免地延长了信息传递的路径，造成信息迟缓及失真现象，特别是如果各级代理人存在有意虚报或隐藏信息的动机时，二级委托人就很难获得完全真实的信息，更不用说作为初级委托人的全体公民。这样的特殊状况更需要在国有企业内部构建有效的激励、约束机制来对管理层的行为进行监督和管理。本书的研究内容主要涉及第三层委托代理关系。

3.1.3 国有企业绩效考核发展历程

企业绩效考核与评价的主要任务是对企业经营和管理中的关键问题进行跟踪和考察,从中发现问题,不断完善激励约束机制、提高企业的管理水平和效率,达到最大化股东利益的终极目标。我国国有企业绩效考核的发展与国有企业改革同步,从绩效考核开始逐步演化为绩效评价,并且由于国有出资的性质,国有企业的考核与评价一直以来大抵都是在政府主导下开展的。经梳理,我国国有企业绩效考核大致经历了如下几个阶段:

3.1.3.1 1978年以前:以实物产量为主的计划目标考核阶段

改革开放之前,我国实行计划经济体制,几乎所有的企业均为全民所有,截至1978年,公有制企业仍占比98%~99%,因此,这个阶段的国有企业不具备自主经营权和剩余价值支配权,只是执行国家计划的单位,是政府经济部门的延伸,本质上不能界定为真正意义上的企业。企业从生产计划、资金场地、产品销售甚至职工的生老病死等全部由国家统一安排。因此,这个时期对企业的考核标准主要从实物产量的角度,用实际产量与国家计划和行业生产技术标准相比,检验其是否达标,这些计划指标包括产量、成本、质量、利润及劳动生产率等。这一时期对管理层实行的激励方式以精神激励为主,即政府通过划分企业的行政级别制定相应企业管理者的福利待遇,对绩效考核完成出色者进行行政升迁,辅之少量工资和奖金,但薪酬与普通职工差距不大。这样的考核和激励模式比较符合当时的经济发展状况。

3.1.3.2 1978~1992年:以产值和利润为主的经济效益考核阶段

1978年我国实行改革开放,开始不断对国有企业进行改革,通过放权让利、利改税、经营承包制等一系列政策,将国有企业集中的权利不断下放,赋予了企业越来越多的自主经营权。这一阶段，企业不再仅是执行国家安排的职能部门，更多地要实现企业发展、创造利润的目标。因此，绩效考核的重点也随之转移到企业的产值、利润等经济效益指标上来，并通过企业指标完成情况来制定国家、企业和个人之间的利益分配及激励方式。1982 年，原国家经济贸易委员会、原国家计划委员会等六部委制定出包含总产值及其增长率、上缴利润及其增长率、利税、产品收入及其增长率等 16 项主要经济效益指标，但产值为核心指标。与此同时，为了调动管理层积极性，国家在 1986 年、1988年、1992 年先后颁布了一系列关于管理层收入与企业经济效益相挂钩的政策文件，基本都明确了完成相应任期内的考核指标的经营者个人收入可以达到职工平均收入的 1~3 倍，可能超出各级同行业水平更多。可以看出，这一阶段的绩效考核指标由传统的实物产量转变到产值和利润等经济效益指标，而对管理层激励的方式在原有行政激励的基础上增加了薪酬激励，但激励的幅度并不可观。

3.1.3.3 1992~2003 年：以投资报酬率为主的经营效率考核阶段

上一阶段以产值和利润为主要考核指标的绩效考核制度带来了一系列问题，如盲目追求产值、经济增长导致的国有企业产能过剩及不良资产增多等，受到了中央的重视。1992 年，中央明确将调整结构和提高国有企业经济效益作为工作重点，并进入了以投资报酬率为主要指标的国有企业绩效评价阶段。随着我国市场经济体制改革方向的确立，现代企业制度逐步建立。1995 年财政部颁布的《企业经济效益评价指标体系（试行）》，确定了包括销售利润率、资本保值增值率、资本收益率、总资产报酬率等 10 项反映生产要素投入产出比的经营效益指标体系。1999 年财政部等多部委出台了《国有资本金绩效评价规则》，制定了包含资本财务效益、资产运营状况、偿债能力状况及发展能力状况四个方面的 32 项指标综合评价企业绩效，其中定量指标 24 个、定性指标 8 个。这也是国有企业首次尝试财务与非财务指标相结合的评价体系，虽然比较全面，但也存在评价指标体系过于繁杂、可行性差等问题，很难与企业管理层的薪酬激励挂钩，激励、约束均不够。2002 年，财政部联合原国家计划委员会等部门对原有的《国有资本金绩效评价规则》进行了调整，逐步完善了企业绩效评价体系，但也难逃国有企业被多头管理、考核流于形式的局面。

3.1.3.4　2003 年至今：国有资产监督管理委员会成立后的考核阶段

为了更好地实现国有资产保值增值、国有企业健康发展，弥补国有企业没有专门管理机构的缺憾，2003 年 3 月，国有资产监督管理委员会（以下简称国资委）成立。国务院授权国资委代表国家对中央企业履行出资人职责。2003 年 11 月《中央企业负责人经营业绩考核暂行办法》（以下简称《暂行办法》）出台，国资委作为股东对中央企业进行监督和统一考核。考核分为两大类，即年度考核和任期考核，以利润指标和净资产收益率作为年度考核重点考察指标；国有资产保值增值率及主营业务收入增长率则是任期考核的重点指标。前者关系到企业负责人的薪酬，后者则直接影响企业负责人的任免。级别最高的企业负责人年薪可以为基薪的 2~3 倍。在此激励制度的指引下，中央企业的绩效得到了显著提高并创下历史新高。但与此同时，国资委很快发现第一轮绩效考核存在的弊病，很多中央企业只注重短期效益而忽略了企业的可持续价值创造，具体突出表现为不积极进行科技研发活动，削减科技研发开支以在短期内应对业绩考核指标，但这样的引导并不利于企业核心竞争力的提升和长远发展。

基于中央企业责任人第一任期考核实践中的经验总结，国资委分别于 2006 年底及 2009 年底对考核办法进行了调整。自 2007 年开始，国资委将 EVA 绩效评价体系引入中央企业责任人考核激励制度，鼓励中央企业进行 EVA 试点实施，在第二任期内对自愿施行 EVA 绩效考核的企业采取鼓励政策，只奖励不惩罚。2007~2009 年三年间自愿实施 EVA 考核的试点企业逐年增多

（87 户、93 户、100 户），总量均超过中央企业总数的七成。直至第三任期（2010 年），国资委才正式全面推行 EVA 考核，EVA 取代原始年度考核中的净资产收益率指标，并占到 40%的比重，EVA 考核结果成为负责人职务任免的重要依据。2012 年底进一步对《暂行办法》进行修订，将大部分企业考核中 EVA 指标的权重提高到 50%，相应地将利润总额指标权重调低至 20%。

2016 年 12 月 8 日，国资委审议通过《中央企业负责人经营业绩考核办法》（以下简称《考核办法》），与此同时，《中央企业负责人经营业绩考核暂行办法》（国资委令第 30 号）废止。《考核办法》更加注重分类管理和分类考核，主要修改完善了五个方面的内容：第一项是实行年度经济效益指标目标值分档管理，使业绩考核目标与资源配置和企业职工工资紧密挂钩；第二项是基于企业功能定位，将企业分为商业类和公益类，并进行分类考核，赋予企业不同的考核监管标准；第三项是以管资本为主加强国有资产监管的要求，突出经济增加值的考核，重点在于分类和差异化的资本回报要求；第四项是强化业绩考核与激励约束的紧密衔接；第五项提出继续完善董事会企业考核，制订年度考核、任期考核、经济增加值考核、任期激励等具体实施方案。

2018 年，国资委发布了最新的《中央企业负责人经营业绩考核办法》，仍将 EVA 作为重要指标，体现出 EVA 的重要性。新发布的考核办法突出高质量发展的考核引导，加大科技创新考核力度，深化分类考核和差异化考核，在原有分类上新增六类企业，分为：国有资本投资、运营公司，科技进步要求高的企业，国际化经营要求高的企业，资产负债水平较高的企业，结构调整任务重的企业，节能环保重点类和关注类企业，并明确其考核重点。在此基础上，对商业类企业更加突出效益效率指标考核，用净利润替换利润总额，保留 EVA 指标作为年度考核的基本指标，用全员劳动生产率替换总资产周转率，任期考核基本指标保留国有资本保值增值率；针对公益类企业，年度考核取消利润总额指标，保留 EVA 指标，任期经济效益指标只考核国有资本保值增值率。年度和任期经济效益指标权重适度下调，社会效益指标权重相应提高。2020 年中央企业负责人会议明确了将国企改革三年行动的落实情况纳入业绩考核，确保在重要领域、关键环节取得实质性突破和进展。

通过对我国国有企业绩效考核发展历程的梳理可以发现，国有企业绩效考核是伴随着国家经济发展而不断完善的，同样经历着"摸着石头过河"的过程。近些年我国也不断借鉴国外先进的绩效评价和绩效管理理论，但还未形成自成体系的理论框架，并且在实践中也还处于摸索阶段。

3.2　EVA 考核引入背景与具体规定

3.2.1　EVA 考核引入背后的逻辑及效果

基于中国特殊的制度背景，中央企业在国民经济中占据举足轻重的地位，虽然国资委的成立明确了其以出资人的身份专门针对中央企业进行监督和管理，并且也取得了一定的成效，中央企业的销售收入及利润等经济效益逐年攀升，但是能够获得利润的企业并不一定真正能给企业创造价值。国有企业中将股权资本视为无偿占用、不计股东投入机会成本的现象十分普遍。另外，很多中央企业在不断扩张的过程中，让企业背负了过高的债务负担。除此之外，很多国有企业还存在偏离主业（如不少国有企业将资金大量投入房地产行业、资源型产业），大量资本浪费于低效率、重复性的项目以及注重短期利益忽视企业长远发展等问题。

近年来国家也开展了很多改革措施，但仍有很多问题没有得到解决，原有的考核和激励在很大程度上依赖于主营业务收入、利润等财务上的绝对量指标，而净资产收益率本质上也与利润导向趋同。并且，净资产收益率表示单位所有者权益所产出的利润，在计算中并没有制约债务规模。极端情况下，拥有大量债务的企业还会在利润提升的掩盖下获得更高的净资产收益率。这样只注重结果，缺乏诸如资产负债率或资本成本等因素纳入考核体系的评价体系不能正确对中央企业进行引导性约束。因此，在对现有问题审慎调查、对EVA原理充分理解的基础上，国资委将EVA指标引入中央企业负责人的绩效考核中，替代其中的净资产收益率，成为核心指标之一。EVA绩效评价体系具有很高的实施成本，这也阻碍了很多公司将其作为绩效评价手段，EVA计算繁杂，因此设计并评估它的有效性成本很高。另外，为了更好地让经理们按照EVA所设定的目标来行事，企业也需要对他们进行这一知识的培训，增加了公司的成本支出。但即便如此，国有企业种种突出的问题使得国资委坚定地推行EVA考核，可见其改革的决心。

2003年在国资委成立之际，国务院办公厅88号文件发布了189家国务院国有资产监督管理委员会履行出资人职责的企业，而当时经国资委用EVA指标测算的企业业绩中有超过半数的企业EVA为负值。2007年国资委开始引入EVA绩效评价体系，在中央企业内鼓励试点实施，2010年，国资委正式出台《中央企业负责人经营业绩考核暂行办法》，在中央企业全面推行经济增加值（EVA）考核，经济增加值权重占到了40%；2012年底修订的《暂行办法》将绝大多数企业的经济增加值权重提高到50%，而利润总额指标权重下降到20%。华泰联合证券对央企控股上市公司EVA进行计算发现，2007年、2008年、2009年中央企业控股上市公司EVA总量分别约为2114亿元、2197亿元、2413亿元，可以看出第二任期由于推行EVA绩效考核，中央企业上市公司的EVA规模呈现整体上升趋势，价值创造能力逐步提高。就研发投资方面，通过这一绩效考核的实施，大部分中央企业激发了研发投资的热情，为企业可持续发展奠定了基础。例如，兵器工业集团统筹优化配置资源用于研发，加速成

果转化，进行政策鼓励将单方研发变为多方协同并进[167]；中国电子信息产业集团在 2010~2012 年的第二任期考核中，科研投入保持在每年高于 15% 的增幅，到 2012 年科研投入总额达 59 亿元，同比增长 32.2%。尤其是在集成电路和软件板块，研发投资强度（科技研发投资占营业收入的比）超过了 15%。该集团董事长明确指出研发投资在现行的以 EVA 为核心的考核体系中作为资产而非费用的处理是其集团能在 2012 年的考核中获评 A 级的重要原因。

《中央企业负责人经营业绩考核办法》是国资委设立的针对中央企业高管的激励机制，近年越来越多的公司在高管绩效考核和薪酬方案中鼓励开展创新投资。相关研究也指出公司高管薪酬激励对创新投资具有明显的影响。根据国资委公布的中央企业年度考核显示，2018 年实现经济增加值 3904 亿元，比上年增长 26.9%，比 2015 年增长 1.6 倍。国资委进一步优化科技创新考核办法，引导企业加大研发投资，加快创新驱动发展。2018 年，中央企业技术投入比率达到 2.4%，比上年提高 0.1 个百分点；获得国家科技奖数量占全部奖项的 40.8%，比上年提高 5.6 个百分点，包揽了 2 项科技进步特等奖，获得了技术发明一等奖 4 项中的 2 项。2016~2018 年任期，中央企业累计获得国家科技进步奖和国家技术发明奖 260 项，占全部奖项数量的 36.5%，中央企业在国家科技创新中的骨干带头作用进一步突出。到 2019~2021 年任期，中央企业研发经费投入实现年均两位数增长，其中 2021 年投入超过 9400 亿元，较上年增长 18% 以上；获得国家技术发明奖和国家科技进步奖数量占同类奖项总数的 49%，为历年最高；在关键材料、核心元器件、基础软件、基础零部件等领域突破一批短板技术，在航天、能源、交通等领域取得一批重大成果。

我国自实施 EVA 考核以来，随着考核体系的不断改进，实施效果也日益显著。EVA 将资产负债表与利润表统一起来，注重资金的成本意识和价值创造理念。这样的转变并不是孤立的，需要综合企业的各个管理系统并考虑内外部环境的影响。深化 EVA 改革，加快国有企业转型升级。EVA 作为一种管理会计创新工具，其价值不仅仅在于提供了一个新的考核指标，而是为企业构建了一套自上而下的价值管理体系，帮助企业逐步由追求"利润最大化"过渡到追求"价值最大化"，提升到以经济增加值为核心的价值管理水平，促进国有企业转型升级，增强核心竞争能力。

3.2.2 我国 EVA 考核办法的具体规定

国资委在 2009 年 12 月发布第 22 号令，公布了修订后的《经营业绩考核暂行办法》，明确要求中央企业自 2010 年 1 月 1 日起全面推行修订后的绩效考核办法，新修订的考核办法中用 EVA 替代了原有的净资产收益率作为年度经营业绩考核指标。EVA 的具体规定如下：

3.2.2.1 EVA 的定义及计算公式

国资委对 EVA 的定义和计算公式均依照 Stern & Stewart 咨询公司给出的标准，只是在会计调整项上找出了中央企业面临的最严峻挑战的几个方面，有针对性地着重引导，同时也是为了降低计算的繁复性，使新的考核办法更易执行。

EVA 指企业税后净营业利润与资本成本的差额。其计算公式：

$$EVA = 税后净营业利润 - 资本成本$$
$$= 税后净营业利润 - 调整后资本 \times 平均资本成本率 \qquad (3-1)$$

$$税后净营业利润 = 净利润 + (利息支出 + 研究开发费用调整项 - 非经常性损益调整项 \times 50\%) \times (1 - 25\%) \qquad (3-2)$$

$$调整后资本 = 平均所有者权益 + 平均负债合计 - 平均无息流动负债 - 平均在建工程 \qquad (3-3)$$

3.2.2.2 会计调整项目说明

EVA 对净经营利润和资本成本的调整可以克服传统财务指标被扭曲的弊病。其实，Stern & Stewart 咨询公司最初设计的 EVA 计算调整项目多达 160 多项，但同时其也强调在实践中很难精确地算出 EVA 值，一般来说大部分企业可根据自身需要抓住重点，进行大概十项调整即可达到目的^[18]。国资委在深刻理解 EVA 理念的基础上，除了利息支出、平均无息流动负债外选取了国有企业特别是中央企业存在的主要问题进行相应调整：强调做强主业、抑制中央企业变卖优质资产导致的国有资产流失，（在净经营利润中对非经常性损益减半扣除）在国资委新修订的业绩考核办法中，企业通过变卖主业优质资产等取得的非经常性收益要在税后净营业利润中全额扣除；鼓励中央企业进行科技创新活动，防止管理者的短视行为，将研究开发费用作为调增项调整净经营利润；引导企业进行可持续发展投入，将符合主业的在建工程作为调减项调整企业占用的资本。

根据考核办法的规定将税后净营业利润和资本总额的具体调整说明归纳如表 3-1、3-2 所示。

表 3-1 税后净营业利润的会计调整

调整项目	定义
利息支出	指企业财务报表中"财务费用"项下的"利息支出"
研究开发费用调整项	指企业财务报表中"管理费用"项下的"研究与开发费"和当期确认为无形资产的研究开发支出；对于为获取国家战略资源，勘探投入费用较大的企业，经国资委认定后，将其成本费用情况表中的"勘探费用"视同研究开发费用调整项按照一定比例（原则上不超过 50%）予以加回
非经常性损益调整项	包括：变卖主业优质资产收益、主业优质资产以外的非流动资产转让收益以及其他非经常性收益

表 3-2 资本总额的会计调整

调整项目	定义
无息流动负债	指企业财务报表中"应付票据""应付账款""预收款项""应交税费""应付利息""其他应付款"和"其他流动负债"；对于因承担国家任务等原因造成"专项应付款""特种储备基金"余额较大的，可视同无息流动负债扣除
在建工程	指企业财务报表中的符合主业规定的"在建工程"

3.2.2.3 资本成本率的确定

资本成本率原则为 5.5%。承担国家政策性任务较重且资产通用性较差的企业，资本成本率定为 4.1%。资产负债率在 75% 以上的工业企业和 80% 以上的非工业企业，资本成本率上浮 0.5 个百分点。资本成本率确定后，三年保持不变。

3.2.2.4 年度考核与任期考核结合

中央企业经济负责人经营业绩考核将年度考核与任期考核结合起来，注重在任职过程中的评价，将其与结果考核统一起来，并将考核结果与奖惩相挂钩。遵照权责利相统一的要求，建立企业负责人经营业绩同激励约束机制相结合的考核制度，即业绩与薪酬同增同减，并作为职务任免决策的重要依据。年度考核综合得分由三大类指标的加权平均分决定。这三大类指标为利润总额、经济增加值以及分类指标。利润总额指经核定的企业合并报表利润总额；经济增加值包括目标值和基准值；分类指标主要包括创新能力、经营管理水平以及风险控制能力等，三者的权重比例分别为 30%、40% 和 20%，可见 EVA 考核指标比例最大。

2019 年国资委提出了"两利三率"，在保留净利润、利润总额、资产负债率三个指标的基础上，将营收利润率和研发经费投资强度纳入考核指标。2021 年，引入全员劳动生产率指标，与净利润、利润总额，营业收入利润率、资产负债率、研发投资强度等一起，形成"两利四率"考核指标体系[①]。

围绕高质量发展与分类考核，新的考核指标做出如下调整：对商业类企业来说，用净利润替换利润总额，保留 EVA 指标作为年度考核的基本指标，用全员劳动生产率替换总资产周转率，任期考核基本指标保留国有资本保值增值

---

① 全员劳动生产率这个新增的考核指标，是考察中央企业每位员工在单位时间为企业创造的营业收入，重要的变量是企业营业收入和企业员工人数，提高这项指标的关键就是要切实提高企业运营效率。

率；针对公益类企业，年度考核取消利润总额指标，保留 EVA 指标，任期经济效益指标只考核国有资本保值增值率。不论哪类企业都保留了 EVA 指标，足以证明 EVA 在业绩考核中的重要性。

3.3 国有企业 R&D 投入不足动因分析

3.3.1 R&D 活动特征与代理问题

所有企业进行 R&D 投资决策就如同其他投资决策一样，都是在解决企业内部资源配置的问题，而这项决策涉及的股东和经营者之间的代理问题是最为明显的，不仅因为现代企业的两权分离决定了更多时候经营者是公司内部决策的制定者，拥有较多的信息，Holmstrom（1989）[14] 还认为这是由 R&D 投资项目本身的特点决定的：

（1）高风险性及不可预测性。高风险性意味着 R&D 项目本身失败的概率很大，但高风险伴随着高回报；不可预测性是指对于未来影响 R&D 项目成功或失败的情景因素是未知的。即便 R&D 投入具有高风险和难预测的特点，对于股东来说，R&D 投入是公司在高度竞争的市场中更胜一筹、实现可持续发展战略及企业价值最大化目标的重要选择，毕竟 R&D 活动一旦成功，带来的是超额收益。另外，股东可以通过多元化战略控制公司的整体风险。而经营者对待风险的态度则不一，在大部分公司的薪酬激励计划下，经营者仅仅拥有控制权或拥有少部分股权，R&D 项目成功的超额收益与经营者并无太大关系，但由于 R&D 项目的高风险及难预测性，项目失败给公司带来的损失会直接殃及经营者的收入和职业声誉，对其未来的发展不利。因此，作为经济人的经营者在衡量 R&D 项目的收益与损失后，会选择规避这样的风险高项目，而更倾向于将资源配置到风险相对较小的项目中。

（2）长期性和多阶段性。R&D 项目从创新概念的产生、开发到完成要经历很多复杂的步骤，也意味着 R&D 投入的收益很少会在当期实现，滞后的收益与经营者当期绩效考核存在冲突。由于大部分公司对经营者的考核都基于会计利润，而 R&D 投入在现行的会计准则中只有满足资本化条件才可以被当作资产，更多的是作为当期费用抵减当期利润。通常来说，R&D 项目在长期和多阶段中需要持续投入大量资金，这对经营者的即期考核是非常不利的。另外，经营者有限的任职期限也促使其并不愿意进行 R&D 投入，因为很可能 R&D 项目带来的收益在自身任期内没有实现，而惠及下一任经营者，经营者通常需要考虑自身的职业声誉，Narayanan（1985）[168] 的研究就表明经理人为了在短期内提高公司业绩，宁愿牺牲股东的长远利益，以便提升自己在经理人市场中的短期声誉。因此，基于经营者自身绩效考量以及外部市场对其的压力导致了经营者的短视行为，他们更倾向于将有限的资源去投向那些能够在短期内给企业带来正现金流的项目，而忽视那些能为企业长远发展带来价值增值的 R&D 项目，从而违背了股东的公司价值最大化目标。

（3）智力密集性及异质性。智力密集意味着 R&D 项目所有的阶段都需要大量的人力资源。而异质性指每个 R&D 项目都有自身特点，很难与其他项目比较。这样的特性意味着经营者在进行 R&D 项目时要投入更多的人力资源以及努力来确保项目的成功，这样的努力可能不会被股东观察到，而且 R&D 项目的收益也与经营者的利益相关性不大，因此，如果经营者没有受到足够的激励，就很难进行这样繁杂的投资活动。

综上所述，由于 R&D 项目本身蕴含着巨大的风险，投入产出回报周期长并且未来收益存在很大的不确定性，股东很难设计出一份有效的契约来约束和激励经营者的行为，代理问题很难被很好地解决，而这样的矛盾存在于所有的现代企业中，国有企业也不例外。因此，R&D 活动的特征从根本上带来了我国国有企业 R&D 投入不足的问题。

3.3.2　国有企业内部人控制与代理问题

内部人控制通常指企业内部人员，如大股东、经营者、企业职工等拥有企业的剩余控制权或者在拥有剩余控制权的同时还获取了剩余索取权的现象[169]，其中大股东或经营者控制的情况比较常见。从内部人员的界定上可以看出内部人控制一般可以分为两种情形，即法律意义上的内部人控制和事实意义上的内部人控制。法律意义上的内部人控制是指那些拥有绝对数量股份或通过合法授权而在法律意义上达到实际控制企业的内部人控制了企业的现象；事实意义上的内部人控制指内部人虽然没有在法律层面上拥有企业的控制权，但在实际操作中却形成了真正掌控企业的事实。内部人控制现象在两权分离的现代企业制度下普遍存在，并且内部人控制也不一定都会导致由内部人控制而引发的代理问题（以下简称内部人控制问题），只有当内部人有动机并且实行了侵占利益相关者权益、侵蚀企业价值等行为时，内部人控制的局面才会相应地带来内部人控制的问题。换言之，内部人控制问题是可以通过有效地公司治理内外部激励和约束机制进行规避的。

我国国有企业内部人控制问题十分严重，其根源在于国企改革[170]。但需要明确的是，内部人控制问题并不是中国国有企业改革中存在的特有现象，而是普遍存在于转轨经济体中的[171]。早在 1994 年，青木昌彦和张春霖就苏联和东欧在 20 世纪进行的激进型经济体制转轨过程中出现的问题进行研究，强调这些社会主义国家在受困于计划经济体制、国有企业处于停滞甚至倒退的现实逼迫下，中央不得不将权力下放，国有企业内部经营者实际上控制了企业，对企业的投资等决策享有控制权并且对利润分配享有剩余利益索取权[172]。他们还指出内部人控制问题是转轨经济在改革过程中的一种潜在可能，是计划经济体制在变革中遗留和演化的产物。

随着我国国有企业改革的不断深入，在经历了放权让利、利改税、经营承包责任制及市场经济下现代企业制度的建立等一系列组织和制度变革后，政府的控制权逐步下放到企业，企业拥有越来越多的自主经营权和分配权。由于市场机制及公司内部治理结构还不完善，这种权力和利益在政府和企业之间不断调整。国有企业在建立现代企业制度的过程中虽然在形式上设立了治理结构，董事会、股东会（股东大会）、监事会等一应俱全，但是这些人员的配备都源于计划经济体制下企业原有的领导班子，如原来国营企业的厂长担任现在国有公司的董事长、总经理等职务，原来国营企业的党委干部或工会主席承担现在国有公司的监事会主席一职等。在这样的公司治理结构下，在原有的惯性思维和模式驱使下，董事会和监事会很难积极地承担起代表国家有效监督、管理企业经营者的责任。国家对企业经营者权利的监督和控制没有办法像成熟市场经济体制下那样奏效，从而使放权让利的行为没有发挥应有的积极效果，以政企分开为目标的国有企业改革出现了行政干预下的内部人控制的尴尬局面[173]，而这种内部人控制由于经理人持有少量或不持有国有公司的股份而被视为事实上的内部人控制情形。

通过之前对国有企业委托代理关系的梳理可知，由于国有产权主体缺位现象的存在，我国国有企业的委托代理关系呈现出多层级的结构特点，这样的结构加深了信息不对称的可能性。与此同时，对于国有企业经营者来说，他们往往持有少量或者不持有公司股份，企业的剩余控制权与剩余索取权不匹配，根据委托代理理论，由于股东和经营者之间的目标函数不一致，内部人的机会主义倾向在不完备的体制下会促使其通过非正式激励来谋求个人利益最大化。在投资决策中表现为，经营者在任期内更愿意投资于那些在短期内能带来效益、收益相对稳定的项目以便为自身谋求更多的利益，这样就会更多地放弃那些有利于企业长远发展但是周期较长的的投资活动，如 R&D

投资。

3.3.3　国有企业负责人薪酬激励与代理问题

不同于私有企业，国有企业内部存在着繁复的委托代理关系，企业的产权性质差异导致不同企业对管理者的约束与激励机制的差别，特别是我国国有企业的管理者多源于行政机关工作人员，企业治理制度还不完善，尤其是原有的绩效考核更多关注企业的短期会计利润，诱发管理者的短视行为，不利于企业R&D投入。

我国的国有企业改革一直朝着放权让利、政企分开的目标前行，但终究改革得不太彻底，国有企业的经营者仍然兼具政府官员的身份，政府对其管理沿用了对政府官员的准则，这就决定了其薪酬也受到一定的管制，要与政府官员薪酬政策趋同，一般情况下是将国有企业经营者的收入与职工的平均薪酬挂钩，这样人为地限定薪酬水平并不利于激发国有企业经营者的积极性。有学者专门就此现象进行调查研究，发现国有企业的经营者与非国有企业的经营者薪酬差距较大[174]。在传统考核制度下以会计利润为主，表现为典型的短期激励。在我国现行会计准则的规范下，R&D投入要满足苛刻的条件才能作资本化处理，也就意味着大部分R&D投入是直接计入当期费用的，因此，R&D投入直接抵减企业的当期收益，国有企业经营者出于自身利益的考虑，在进行R&D投资决策时会表现得更加谨慎，因为考核结果不仅关系到经营者薪酬，还会影响到其政绩。Baber等（1991）[175]将企业划分为三类：第一类为没有削减R&D投入也能满足利润考核标准的；第二类为为了达到利润标准而削减R&D投入的；第三类为即便削减了R&D投入也没有达到利润标准的。而这三类公司中，第二类公司比其他公司更有倾向去减少R&D投入。Cooper和Selto（1991）[176]也通过实验研究发现，经理们不愿意投资R&D项目，即便它们会给企业带来效益，因为这些项目的成本在当期被费用化，这样他们就必须牺牲当期现金流来为未来不确定的收益买单。

综上所述，国有企业 R&D 活动特征所引发的代理问题从本质上决定了企业经营者乏于进行 R&D 投入，而我国国有企业在特殊的改革发展进程中所形成的国有产权主体缺位以及内部人控制等问题更加深化了固有的代理问题，造成国有企业 R&D 投入的不足。加之国有企业激励和约束制度的行政化使得负责人薪酬激励所带来的权责不匹配，以传统财务指标进行的考核使得国有企业负责人更倾向于减少周期长、收效慢的长远投资，而注重短期的投入，这些都是国有企业 R&D 投入不足的原因。

3.4 本书基础理论框架

根据代理理论，现代企业制度中能够有效解决委托代理问题的方式之一就是要建立合理的考核和激励机制，在不完备契约的条件下，通过考核和激励机制来调动经营者的积极性，引导和规范经营者的决策和行为，缓解委托代理问题，实现企业的经营目标。因此，为了引导经营者更加积极地进行 R&D 投入活动，更有效地降低代理成本，构建科学合理的考核指标评价体系就显得尤为重要，而这其中核心考核指标的选择是重中之重，在薪酬激励设计中，要充分考虑经营者个人收入或财富能与企业长期利益或股东财富紧密相关，以此提高管理层对技术创新投入的积极性。由此，在这里提出本书的基础理论框架（见图3-2），为进一步具体分析 EVA 考核如何作为一种经理人契约的治理工具、引导经理层的投资决策行为奠定基础。

业绩评价指标有用性

↓ 决定

薪酬契约有效性

↓ 决定

考核和激励机制有效性 ——缓解——→ 委托代理问题

↓ 促进

R&D投入

↓ 促进

R&D投入经济后果

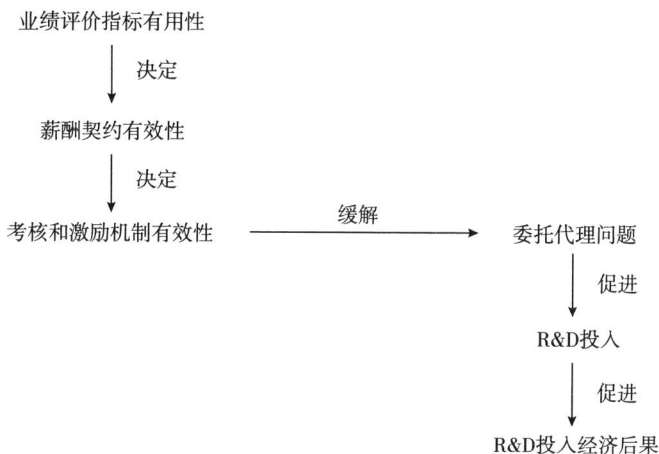

图 3-2　基础理论框架

3.5　本章小结

　　本章首先分析了国有企业的制度背景，梳理了国有企业改革、委托代理关系及绩效考核的改革历程，然后引入 EVA 考核并说明了其具体规定和重要性。通过分析国有企业的内部人控制、管理层薪酬激励与代理问题来研究 R&D 投入不足的动因，本书得出结论，我国 R&D 投入不足的本质原因是国有企业的委托代理关系呈现出多层级的结构特点，这样的结构特点在投资决策中的表现为，经营者更愿意投资于那些在短期内能带来效益、收益相对稳定的项目以便为自身谋求更多的利益，从而放弃那些有利于企业长远发展但是周期较长的投资活动，如 R&D 投资。进而归纳出绩效考核指标如何作为一种经理人契约的治理工具，引导经理层的投资决策行为，增加对央企 R&D 投入的基础逻辑框架，为后文的理论分析和假设提出奠定基础。

第4章 EVA 考核实施对国有企业研发投资影响的实证研究

通过前面章节对相关理论和文献的回顾以及国有企业制度背景的分析，我国国有企业研发投资不足的主要原因除了 R&D 活动固有的特征之外，主要诱因是国有企业特定的制度背景所带来的复杂代理关系和较长的代理链条致使其内部存在严重的代理问题。经营者为了自身利益而放弃有利于企业长期价值创造的活动，容易产生短期行为。如果能让经营者和所有者的目标趋于一致，则经营者进行创新投入的动力会增强。本部分将从微观企业层面和财务视角出发，利用中国上市公司数据，就 EVA 考核对国有企业研发投资影响给予理论分析和实证研究。

4.1 理论分析与研究假设

Rogerson（1997）[178] 认为合理的绩效评价是鼓励经理人提高其资金使用效率的前提，而选择一个核心的绩效评价指标则是制定绩效评价方案的关键，

EVA 这一绩效评价指标可以有效地激励企业进行有利于提高企业价值的投资活动。EVA 考核实施对国有企业研发投资的影响主要体现在以下几个方面：首先，EVA 考核能够使所有者和经营者的利益趋于一致。EVA 是指企业税后净营业利润扣除全部资本成本后的余额，强调了资本的有偿占用性。通常来讲企业可以通过如下三种方式来提高企业 EVA 值：在现有资产投入下创造更多的利润，如通过销售更多的商品、升级产品组合转向更高边际收益的产品；使用更少的资本，如卖掉投资回报不理想的资产或者与供应商协商委托存货代销；投资回报率高的项目。研发投资所能带来的效益恰恰在这三个方面都能够促进 EVA 指标的提高。研发投资所产生的新产品、更高效的流程以及在此过程中由于知识积累而具备的能力可以便于识别更加便宜的原材料替代品、副产品的应用空间等可以为企业创造更多的利润；另外，流程效率的提高可以避免和减少资本的浪费，一些本来要建设的项目可以不再投建。例如，通过提高技术，设计出合理的流程来减少库存，从而降低存储成本等；再者，R&D 项目本身就具备高投资回报率的特点，研发成功后获得的新产品和新技术能够为企业带来巨大的经济效益。

管理的最主要目的是为企业创造价值，增加所有者财富，但在实践中能够真正将经营者利益与所有者利益化为统一战线的绩效评价手段并不容易实现。Stern & Stewart 咨询公司的创始人提出了一个他们认为可以达到这一目的的绩效评价体系，那就是 EVA 绩效评价体系，他们认为 EVA 可以将企业净现值最大化的复杂性融入这个能估算当年业绩的绩效指标中[179]。美国的大公司逐步开始使用这一管理工具并将其与管理层薪酬激励相结合，取得了良好的效果。拥护 EVA 理论的学者认为，代理问题越突出的公司越适合实施 EVA 绩效评价体系，EVA 考核与薪酬激励相结合能够减少信息不对称和逆向选择行为，缓解代理冲突[180]。因此，EVA 能够促使国有企业的经济负责人更多地以股东的身份来使用资金，将有限的资金投入能够真正为企业创造价值的项目中，而

R&D 项目正具备这样的特质。

其次，以 EVA 为核心指标的考核办法通过调整项引导国有企业负责人加大研发投资。在考核评价体系以及薪酬激励设计中，关键指标的选取具有明显的引导力量，而指标的计算实质上反映的是不同的会计处理方式。Xue (2007)[181] 的研究分析了管理层对美国会计准则关于新技术的购买和开发不同确认标准的反映对企业研发投资的影响，研究发现，由于购买新技术可以被资本化，因此不会减损当期会计利润，如若公司高管薪酬激励机制依赖于会计利润指标，那么高管会更倾向于购买新技术；而由于开发新技术是被费用化处理的，影响公司长期业绩指标，在短期内损害会计业绩，如若公司高管薪酬激励机制主要依赖于能够表明企业长期业绩的指标如市场业绩指标，则管理层会更倾向于开发新技术。同样的道理，EVA 测度了企业的真实经济利润，它比传统的财务指标更加准确地反映了企业的经济实况。传统的财务指标例如 NOPAT、ROE、ROA、EPS 等都是反映会计现实而非经济现状，它们会受到会计实务处理的扭曲，造成失真。例如，如果一家企业的管理者薪酬是与会计利润指标如净经营利润挂钩的，那么很有可能他会为了短期的利益通过最简单的削减开支来达到提高个人薪酬的目的。R&D 对于企业来讲相当于一个巨大的成本中心而非利润中心，这样一来管理者可能会削减 R&D 开支来达到提高薪酬的目的，但是影响了企业未来的经济价值。这就表明，会计处理方式以及对管理层业绩指标的选取会严重影响管理层对 R&D 投资的倾向。基于会计的谨慎性原则，研发支出一度纯粹作为费用列示在财务报表之中，虽然我国会计准则第 6 号在 2007 年已经将研究开发费用的会计处理由全部费用化转变成了区分研究阶段及开发阶段的资本化与费用化相结合的原则，但是这与 EVA 带给管理者的理念上的变化是不能同日而语的，在 EVA 的计算公式中，通过将研发投资作为净利润的调整项做加回处理，使得 EVA 对于企业研发投资有了深远的影响，因为其从根本上改变了企业对于 R&D 项目的看法，不再纯粹视其为成本中心。这意味着增大研发投资的支出并不会压榨企业的当期业绩，还会使 EVA 值变大，股东财富变大，管理者自身的利益也增大，大大提升了管理者对进行研发投资活动的重视程度，进一步提高了企业的创新能力。在 EVA 的视域下，企业的资产不仅仅包括传统资产，还包括以研发投资形式而存在的技术资产。这样一来在 EVA 计算中就不会一次将当期的研发投资计入成本费用，而是将其在 EVA 账簿上列示的当期应该摊销的部分作为利润的抵减项。因此，EVA 将研发投资分期与其带来的收益相匹配，从而减轻了管理层因为短期的盈余指标考核而大量削减 R&D 开支的问题。其实，Stern & Stewart 咨询公司最初设计的 EVA 计算调整项目多达 164 项，但同时，其也强调在实践中很难精确地算出 EVA 值，一般来说，大部分企业可根据自身需要抓住重点，进行大概十项调整即可达到目的[56]。国资委在深刻理解 EVA 理念的基础上，在为数不多的调整项中就采纳了对研究与开发费用的调整，并且没有采用分期摊销的处理方法，这一办法将会极大减轻国有企业负责人原来对巨额研发费用投入而带来短期考核不达标的担忧，防止管理者的短视行为，由此也可以看出国家激励企业进行科技创新活动的迫切要求。

最后，EVA 理念对企业创新的影响还远不止于此，它将改变企业对研发投资的预算管理，让企业管理层重新审视科技创新所能带来的价值，将 EVA 视为一种战略管理工具影响企业对 R&D 投资组合的管理以及对创新理念的激发，确定 R&D 作为企业未来可持续发展的一项投资的战略地位，最终想要达到的是在企业文化上对 R&D 重要性的深刻认同。

综上所述，EVA 考核虽然不能改变 R&D 活动本身的特性，但是以 EVA 为主要指标设立的考核评价体系，以及与之挂钩的薪酬激励机制却可以有效缓解我国国有企业内部人控制以及所有者虚位所带来的严重代理问题。技术创新的影响因素繁多，但最终制定和执行 R&D 投资决策的经营者，其对 R&D 的态度和认知才是影响研发投资的最重要因素之一[182]。EVA 指标计算中通过对研发投资调整项的处理，改变了经理层对 R&D 项目的决策理念，有效避免国有企业管理层的短视行为，积极进行有利于企业可持续发展的研发投资，使企业的经理层行为能靠近企业股东财富最大化的目标。鉴于此，我们认为，国资委 2010 年在中央企业全面推行 EVA 绩效考核制度以后，能够降低国有企业的代理问题，通过会计调整的指引作用鼓励企业积极进行自主创新活动，加大研发投资，研发投资强度显著提高。基于此，提出本书的假设：

H4-1：在其他条件不变的情况下，EVA 考核实施促使国有企业加大研发投资额。

H4-2：在其他条件不变的情况下，EVA 考核实施促使国有企业加大研发投资强度。

4.2　研究设计

4.2.1　模型设定

本书预研究国资委 EVA 绩效评价实施是否能够促进国有企业研发投资，而实施 EVA 考核的企业很可能与未实施 EVA 考核的企业存在系统差异。鉴于国资委自 2010 年起在中央企业内推行 EVA 考核，这一举措可被视为一项准实验（Quasi-Experiment），为了解决研究中的内生性问题，本书采用双重差分模型进行分析。双重差分（Difference-In-Difference，DID）模型这一自然科学领域中常用的研究方法，该模型自 Ashenfelter（1978）[183] 首次将其引至经济学研究以来就被广为应用，主要用于检验政策效力以及项目实施效果。双重差分

法的基本思想为，基于事件（政策）发生的时点将时间分为前后两期，一组
样本（实验组）在事件发生之后受事件影响，之前不受其影响；另一组样本
（对照组）在事件发生前后均未受事件的影响，事件发生前后两期的实验组和
对照组内包含着相同的样本，被关注的兴趣变量在事件发生前后的平均变化可
以分解为实验组前后两期平均变化与控制组前后两期平均变化的差，即所谓的
双重差分。双重差分法的优点在于，将政策实施作为外生变量避免了解释变量
与被解释变量之间相互影响的内生性问题；同时，控制了分组效应和时间效
应，通过分组效应消除由于不同组之间固有的系统性差异带来的统计偏误，通
过时间效应来消除在对比实验组前后两期之间由于趋势变化而带来的统计偏
误[184]。另外，双重差分法并非简单将样本在政策前后的均值进行比较，而是
通过对个体数据的回归分析判断政策效果在统计上是否具有显著意义，并且，
从模型设定上来看比较简单，可以使用成熟的回归估计进行分析[185]。基于上
述优势，双重差分法在政策分析研究中被广泛应用。

针对本书的研究问题，首先，确定实施 EVA 前后的时间节点，由于国资
委对中央企业进行 EVA 考核是在 2010 年全面展开，参考刘凤委和李琦
（2013）[186]、池国华等（2013）[187]，2010 年前为 EVA 考核实施前期间，2010
年及以后为 EVA 实施后期间；其次，确定实验组和对照组的范围，本书将国
有企业作为实施 EVA 考核的实验组，而将符合条件的没有实施 EVA 考核地方
国有企业设为控制组；最终，基于双重差分法的思路构建如式（4-1）所示实
证分析模型：

$$RDIN_{i,t}(RD_{i,t}) = \beta_0 + \beta_1 EVADUM_{i,t} + \beta_2 PERIOD_{i,t} + \beta_3 EVADUM_{i,t} \times PERIOD_{i,t} +$$
$$ControlVariables_{i,t} + \varepsilon_{i,t} \tag{4-1}$$

模型 4-1 中的因变量、自变量以及控制变量的具体定义如下：

（1）因变量。$RD_{i,t}$、$RDIN_{i,t}$ 分别表示公司 i 在 t 期的研发投资总额和研发
投资强度。这里将研发投资的总额进行了自然对数处理。对研发投资强度的度

量方式主要有三种：①公司当期研发投资与当期营业收入的比值；②公司当期研发投资与当期期末公司总资产的比值；③公司当期研发投资与当期期末市场价值的比值。鉴于现有文献较多采用第一种方式对研发投资强度进行度量，为了数据的普遍性和可比性，本书采用当期研发投资与当期营业收入的比值作为研发投资强度的代理变量。

（2）自变量。$EVADUM$ 和 $PERIOD$ 表示公司实施 EVA 考核与否以及实施 EVA 考核前后的虚拟变量。当公司实施 EVA 考核，$EVADUM = 1$，否则为 0，即中央公司取 1，地方国有公司取 0。当公司当年处于 EVA 考核实施后期间，$PERIOD = 1$，否则为 0，即 2010 年及以后 $PERIOD$ 取 1，2010 年之前 $PERIOD$ 取 0。$EVADUM \times PERIOD$ 表示实施 EVA 考核的公司和公司当年处于 EVA 考核实施后期的交互项。

（3）控制变量。$ControlVariables_{i,t}$ 为公司 i 在 t 期的控制变量，控制变量的选择参考现有文献选取较常用的变量，表征公司特征的因素包含公司规模（$SIZE$）、资产负债率（LEV）、公司年龄（AGE）；表征公司治理特征的因素包括高管年龄（$GAge$）、高管规模（$GSize$）、高管薪酬（$GSalary$）、高管持股（$GShare$）、董事会规模（$DSize$）、两职合一（$Dual$）、股权集中度（$GQhhi$）以及年份虚拟变量（$\sum YEAR$）和行业虚拟变量（$\sum IND$）。具体变量定义见表 4-1。

表 4-1　变量定义及计算方法

变量名称	变量含义	计算方法
RD	研发投资额	当期研发投资总额的自然对数
$RDIN$	研发投资强度	当期研发投资/当期营业收资或当期研发投资/当期平均总资产
$EVADUM$	EVA 考核	公司实施 EVA 考核赋值为 1，否则为 0

变量名称	变量含义	计算方法
PERIOD	EVA 考核实施期间	公司当年处于 EVA 考核实施后期间赋值为 1，否则为 0，本书中 2009 年之前为 0，2010~2013 年为 1
SIZE	公司规模	总资产的自然对数
LEV	资产负债率	总负债/总资产
AGE	公司年龄	公司上市年份与样本年份之差
GAge	高管年龄	年末高管人员的平均年龄
GSize	高管规模	年末高管人员总数
GSalary	高管薪酬	年末高管薪酬总额的自然对数
GShare	高管持股	年末管理层持股总数/年末总股数
DSize	董事会规模	年末董事会人员总数
Dual	两职合一	董事长与总经理兼任情况，1 为同一人；0 为不同人
GQhhi	股权集中度	年末第一大股东持股比例
$\sum YEAR$	时间虚拟变量	选取 2007~2013 年共 7 个年度，6 个虚拟变量
$\sum IND$	行业虚拟变量	根据中国证监会 2012 行业分类大类，样本共涉及 17 大类，16 个虚拟变量

其中，公司高管的认定是依据 2009 年《中央企业负责人经济业绩考核暂行办法》中对中央企业负责人的界定进行统计的，中央企业负责人主要包括经国务院授权由国务院国有资产监督管理委员会履行出资人职责的国有独资公司以及国有资本控股公司国有股权代表出任的董事长、副董事长、董事，列入国资委党委管理的总经理（总裁）、副总经理（副总裁）、总会计师。因此，本书依据此考核办法将控制变量中高管认定为国有上市公司年报中披露的董事长、副董事长、董事、总经理（总裁）、副总经理（副总裁）及总会计师（财务负责人）。

4.2.2　样本选择

2003 年国务院办公厅 88 号文件发布了国务院国有资产监督管理委员会

履行出资人职责的企业共有 189 家，后经一系列并购重组，到 2006 年中央企业有 159 家，2007 年 151 家，2008 年 142 家，2009 年 129 家，2015 年底调整到 106 家。

EVA 考核从 2010 年开始在中央企业强制实施，随着 EVA 考核的实施及中央企业的带动效应，地方国有企业也随之效仿。但由于地方国有企业并非强制实施，具体哪些企业实施、何时实施的数据不易获得，因此，本书选择民营企业作为双重差分模型中的对照组，以保证对照组不受 EVA 考核的影响。另外，考虑到 2007 年会计准则发生的新变化，故本书选取 2007~2019 年共 13 个年度区间的全部沪深 A 股上市的中央企业作为研究样本，为了避免因时间趋势因素带来的影响，选取该年度区间中民营企业（默认未实施 EVA）作为对照组，构建双重差分模型。其中，有关股权激励强度的数据来自 CSMAR 数据库，其余变量的数据均来自 WIND 数据库。因此，样本区间应尽量靠近 2010 年，以保证双重差分模型使用的有效性，同时兼顾数据的丰富性。由此，本书选取以 EVA 考核实施为界，前后各取三年数据，即 2007~2013 年（7 年）中国沪、深两市主板 A 股国有上市公司中披露研发投资数据的 3100 个"年度–公司"观测值为研究样本，并根据 WIND 数据库中上市公司实际控制人资料进一步区分中央国有控股以及地方国有控股。将数据进行如下筛选：

（1）剔除公司经营异常的 ST、＊ST 样本观测值。

（2）为了避免首次公开发行的影响，剔除 IPO 当年的样本观测值。

（3）鉴于金融类公司财务特征等与其他类型行业的公司具有较大差异，剔除金融行业的样本观测值。

（4）剔除在样本区间内存在相关数据缺失的样本观测值。

经过以上筛选后得到 2007~2013 年包含 2670 个"公司–年度"观测值，其中实施 EVA 考核的中央国有控股公司样本观测值 1072 个，未实施 EVA 考核的地方国有控股公司样本观测值 1598 个。本书按照证监会 2012 年颁布的

《上市公司行业分类指引》将样本按照大类进行统计，样本公司行业分布见表4-2，从表4-2中可以发现，制造业在本书样本中占有绝对的数量，达到72.08%。本书对所有连续变量都进行了1%和99%的缩尾处理，以减轻极端值对回归的影响。

表4-2　样本公司行业分布

行业代码	行业	样本数量	百分比（%）
A	农、林、牧、渔业	27	1.01
B	采矿业	124	4.64
C	制造业	1926	72.14
D	电力、热力、燃气及水生产和供应业	109	4.08
E	建筑业	96	3.60
F	批发和零售业	120	4.49
G	交通运输、仓储和邮政业	50	1.88
H	住宿和餐饮业	4	0.15
I	信息传输、软件和信息技术服务业	77	2.88
K	房地产业	41	1.54
L	租赁和商务服务业	8	0.30
M	科学研究和技术服务业	9	0.34
N	水利、环境和公共设施管理业	15	0.56
P	教育	4	0.15
R	卫生和社会工作	30	1.12
S	文化、体育和娱乐业	30	1.12
合计		2670	100

4.2.3　数据来源

本书的研发投资数据采用手动收集和整理，数据来自上市公司年报财务报表附注披露的有关研发支出的信息，分为资本化项目和费用化项目。资本化的研发投资列示在"开发支出"报表附注明细；费用化的研究费用，一般列示在"管理费用""支付的其他与经营活动有关的现金""在建工程""长期应付款""其他非流动负债"等科目。据统计80%以上的研发费用披露在"管理费用"项目下[188]，依照国资委中央企业负责人考核办法中对研发投资调整项的确认标准，本书将管理费用项下有关研发投资的本期发生额作为费用化的研发支出本期数额。另外，将财务报表附注中的"开发支出"本期增加额作为资本化的研发支出本期数额，二者之和作为本书研发投资的当期数额。财务报表取自巨潮资讯网。其他公司财务数据来源于国泰安金融研究数据库（CSMAR）以及万德数据库（WIND）。数据处理主要采用Stata13.0软件完成。

4.3 描述性统计与相关分析

4.3.1 描述性统计

表4-3列示了样本公司全样本及分年度研发投资和研发投资强度的描述性统计。从表4-3可以看出，2007~2012年，选择在年报中披露R&D相关数据的国有上市公司数量呈逐年上升趋势，从2007年的178家逐年增长至2012年的596家，2013年稍有减少，为580家。这说明，国有企业对研发活动的重视程度越来越高，更多公司将相关信息采取对外公告的方式，以便减少由信息不对称给公司价值带来的损失。

表4-3 研发投资自然对数及研发投资强度分年度描述性统计

年份	平均值		最大值		最小值		标准差		N
	RD	*RDIN*	*RD*	*RDIN*	*RD*	*RDIN*	*RD*	*RDIN*	
2007	16.146	0.012	21.953	0.172	11.157	0.000	1.817	0.019	178
2008	16.452	0.016	22.314	0.169	12.206	0.000	1.721	0.023	192
2009	16.627	0.019	22.365	0.261	9.892	0.000	1.864	0.029	280
2010	16.823	0.019	22.901	0.291	7.496	0.000	2.115	0.028	384
2011	17.091	0.022	23.178	0.396	8.047	0.000	1.983	0.033	460
2012	17.597	0.029	22.774	0.477	10.074	0.000	1.984	0.046	596
2013	17.715	0.030	22.865	0.508	8.068	0.000	1.981	0.045	580
Total	17.143	0.024	23.178	0.508	7.496	0.000	2.025	0.045	2670

由表4-3可知，全样本研发投资总额自然对数的最大值和最小值分别为23.178和7.496，研发投资强度的最大值和最小值分别为0.508和0.000（这里的0并不是研发投资强度为0，而是由于数字太小仅保留3位小数），说明国有上市公司研发投资差异较大。研发投资总额自然对数和研发投资强度的均值分别为17.143和2.4%，研发投资强度平均值超过了国际上公认能够维持企业生存的水平（2%）但还没有达到具备竞争力的程度（5%），与发达国家相比差距还很大，美国在20世纪60年代企业平均研发投资强度就已经达到2%，并于20世纪90年代达到3%。考虑到中国上市公司是由企业集中优势资产组建而成，可以推断，中国国有企业的研发投资水平（强度）总体上仍偏低，并不具备竞争优势，还需大力加强。与此同时，研发投资总额和研发投资强度在样本区间内的平均值基本均呈逐年上升趋势。具体而言，研发投资总额对数的平均值2007年为16.146，而2013年为17.715，七年间稳步增长；研发投资强度的平均值2007年仅为1.2%，在之后几年保持稳步增长的态势，其中2011~2013年迅猛发展，2011年研发投资强度均值突破2%，2013年达到了3%。可以看出，国有上市公司对研发活动的重视程度不断提高，研发竞争力

也随之增强。另外,研发投资自然对数的最小值没有特别明显的规律,数值介于7~13,而最大值在2007~2013年呈现先增后降的趋势,于2011年达到顶峰23.178。研发投资强度的最小值都几近为零,而最大值在2008~2013年逐年增加,这也说明近几年国有企业研发投资强度的企业间差距拉大。

表4-4给出了EVA考核实施与未实施企业研发投资强度分年度描述性统计。由表4-4可以看出,2007~2013年实施EVA的中央企业研发投资强度无论是平均值还是中位数都显示出逐年加强的趋势。2007年研发投资强度平均值仅为1.3%,2008年增长了0.2个百分点,自2009年起加速增长,2013年达到3.8%;从中位数来看,研发投资强度的加速增长发生在2010年,2010年中央企业研发投资强度中位数几乎是2009年的2倍,达到2.1%,这意味着到2013年有一半的中央企业研发投资强度大于2.8%,而这一数字在2007年仅为0.7%。由此可以看出,中央企业在过去几年中研发投资强度明显提高,尤其是2009年后增长速度加快。未实施EVA的地方国有企业研发投资强度的平均值2007年为1.1%,低于同期实施EVA的中央企业。2008~2011年未实施EVA的地方国有企业研发投资强度平均值一直在1.4%~1.7%徘徊往复,并没有太大的发展。中位数在这几年也呈现同样的趋势,维持在0.6%~0.7%,而这一情况自2012年开始有所改观,地方国有企业的研发投资强度平均值由2011年的1.7%提高到了2.4%,而中位数增长了一倍多,由2011年的0.7%增长到2012年的1.6%,2013年进一步小幅增长。

表4-4 EVA考核实施与未实施企业研发投资强度分年度描述性统计

年份	实施EVA企业				未实施EVA企业			
	平均值	中位数	标准差	N	平均值	中位数	标准差	N
2007	0.013	0.007	0.016	74	0.011	0.004	0.021	104

年份	实施 EVA 企业				未实施 EVA 企业			
	平均值	中位数	标准差	N	平均值	中位数	标准差	N
2008	0.015	0.008	0.021	81	0.016	0.006	0.024	111
2009	0.022	0.011	0.034	123	0.017	0.007	0.025	157
2010	0.027	0.021	0.034	158	0.014	0.006	0.020	226
2011	0.030	0.022	0.039	183	0.017	0.007	0.028	277
2012	0.038	0.027	0.054	231	0.024	0.016	0.038	365
2013	0.038	0.028	0.051	222	0.026	0.017	0.041	358
Total	0.030	0.019	0.043	1072	0.020	0.009	0.046	1598

通过表 4-4 对实施与未实施 EVA 的国有企业进行对比发现，2007~2013 年实施 EVA 的中央企业就研发投资强度而言，无论平均值还是中位数都高于同期未实施 EVA 的地方国有企业。通过横向对比，实施 EVA 考核的中央国有上市公司，2007~2013 年研发投资强度均值（3.0%）和中位数（1.9%）均大于未实施 EVA 的地方国有企业的研发投资强度均值（2.0%）和中位数（0.9%），因此就总体样本而言，可以初步推断实施 EVA 考核可以促进国有企业研发投资。

表 4-5 列示了样本公司 2007~2013 年七年的控制变量描述性统计结果，其中以公司资产自然对数表示的公司规模最小值为 19.836，最大值为 26.285，对数处理后的结果中最大值仍是最小值的 1.09 倍，说明国有上市公司的规模差异较大。值得注意的是，公司资产负债率的最小值为 8.8%，最大值为 94.4%，差异十分明显，均值和中位数分别为 52.3% 和 53.1%，说明中国国有上市公司平均负债水平过高，有的企业甚至接近 95%，这也与国有企业的现状相吻合。样本中国有上市公司的年龄差异也比较大，有刚上市的公司也有最长持续经营了 20 年的公司，有一半的企业经营超过 12 年。

样本上市公司高管年龄的均值和中位数均约为 49 岁，高管规模在 5～19 人，均值和中位数分别为 10.536 人和 10 人。总体而言，国有上市公司高管平均年龄偏高，高管团队人员不够精简。国有上市公司高管薪酬总额的自然对数在样本区间内的最大值（16.493）和最小值（12.525）差异不算太大，但转换成薪酬总额差额仍然较大。高管持股的平均值为 0.005，中位数为 0，最大值为 0.201，说明国有上市公司高管持股水平普遍偏低，样本中有一半公司的高管并不持有本公司股票，股权激励机制实施得还不完善。样本公司董事会的平均人数和中位数人数分别为 9.529 和 9 人，并且由于公司间规模、企业文化等因素的差异，董事会规模介于 5～18 人，这完全符合《中华人民共和国公司法》对上市公司董事会人数的法律规定（5～19 人）。从董事会的领导结构看，仅有 10.3% 的样本公司董事长同时担任上市公司的总经理职务。就股权集中度方面，中国国有上市公司的股权集中度仍然很高，第一大股东在七年间的均值和中位数分别为 40.1% 和 39.4%，最高达 76%，可见第一大股东对上市公司的控制力较强。总体而言，样本各控制变量的取值均在合理范围内。

表 4-5 控制变量的描述性统计

变量名	变量符号	均值	中位数	最大值	最小值	标准差	N
公司规模	SIZE	22.312	22.070	26.285	19.836	1.339	2670
资产负债率	LEV	0.523	0.531	0.944	0.088	0.195	2670
公司年龄	AGE	10.901	12.000	20.000	1.000	5.100	2670
高管年龄	GAge	48.895	48.875	55.400	42.083	2.796	2670
高管规模	GSize	10.536	10.000	19.000	5.000	2.982	2670
高管薪酬	GSalary	14.620	14.635	16.493	12.525	0.811	2670
高管持股	GShare	0.005	0.000	0.201	0.000	0.026	2670

变量名	变量符号	均值	中位数	最大值	最小值	标准差	N
董事会规模	$DSize$	9.529	9.000	18.000	5.000	1.911	2670
两职合一	$Dual$	0.103	0.000	1.000	0.000	0.304	2670
股权集中度	$GQhhi$	0.401	0.394	0.760	0.117	0.151	2670

4.3.2 相关性分析

表 4-6 是本书主要变量的 Pearson 相关系数矩阵。从表 4-6 可以发现,研发投资强度 ($RDIN$) 与 EVA 实施期间变量即表示 2010 年及以后的虚拟变量 ($PERIOD$)、EVA 实施与否变量 ($EVADUM$) 单变量之间均存在显著正相关关系,初步可以看出国有企业研发投资强度在 EVA 考核实施后比实施前显著增加并且实施 EVA 考核的中央企业比未实施 EVA 考核的地方国有企业在研发投资强度上有明显优势;研发投资强度 ($RDIN$) 与公司规模 ($SIZE$)、公司资产负债率 (LEV)、公司年龄 (AGE)、高管平均年龄 ($GAge$)、董事会规模 ($DSize$) 以及股权集中度 ($GQhhi$) 呈现显著的负相关关系,与高管薪酬 ($GSalary$)、高管持股 ($GShare$) 以及两职合一 ($Dual$) 呈显著的正相关关系,而与高管规模 ($GSize$) 呈不显著的负相关关系。除高管薪酬 ($GSalary$) 与公司规模之间存在较高的相关性,其他控制变量之间均不存在高度的相关关系。为了避免变量数据间可能存在多重共线性,本书对模型回归检查各变量的方差膨胀因子 (VIF),均远小于上限 10,因此可以判定共线性不会对本书的回归结果产生严重干扰。

表4-6　主要变量相关系数矩阵

	RDIN	PERIOD	EVADUM	SIZE	LEV	AGE	GAge	GSize	GSalary	GShare	DSize	Dual	GQhhi
RDIN	1												
PERIOD	0.113***	1											
EVADUM	0.134***	-0.0300	1										
SIZE	-0.137***	0.183***	0.0280	1									
LEV	-0.249***	0.0160	-0.052***	0.377***	1								
AGE	-0.182***	0.222***	-0.095***	0.128***	0.185***	1							
GAge	-0.046**	0.230***	0.0290	0.348***	0.014	0.124***	1						
GSize	-0.008	0.119***	0.102***	0.235***	0.110***	-0.079***	0.051***	1					
GSalary	0.101***	0.245***	0.038**	0.459***	-0.008	0.057***	0.187***	0.381***	1				
GShare	0.304***	0.0190	0.0270	-0.127***	-0.184**	-0.288***	-0.106***	-0.0230	0.040**	1			
DSize	-0.070***	-0.00400	-0.0320	0.277***	0.091***	-0.049**	0.090***	0.479***	0.163***	-0.082***	1		
Dual	0.096***	-0.0150	-0.051***	-0.080**	-0.039**	-0.012	-0.065***	-0.060***	0.0240	0.109***	-0.071**	1	
GQhhi	-0.079***	-0.0140	0.065***	0.327***	0.062***	-0.167***	0.153***	0.041**	0.065***	-0.154***	0.054**	-0.110**	1

注：*、**和***分别表示在10%、5%和1%的显著性水平下显著。

4.4　实证结果分析

4.4.1　双重差分回归分析

为了验证假设 4-1 和假设 4-2，分别以研发投资的自然对数和研发投资强度作为被解释变量，使用双重差分模型式（4-1）估计 EVA 考核实施对国有企业研发投资的影响，为了提高结果的稳健性，回归时加入了行业和时间虚拟变量，回归结果见表 4-7。表 4-7 第（1）、（2）列是以研发投资的自然对数作为被解释变量的回归结果，第（3）、（4）列是以研发投资强度作为被解释变量的回归结果。第（1）、（3）列为没有加入控制变量的回归结果，第（2）、（4）列为全变量的回归结果。通过对比第（1）、（2）可以发现，回归结果基本一致，但由于加入了控制变量，后者比前者的调整后 R^2 更高（0.455>0.068），说明模型解释度更好，模型设定更加合理。结果显示 EVA 考核实施前后的虚拟变量 *PERIOD* 的系数分别为 0.753 和 0.741，均在 1% 的统计水平上显著，表明所有国有企业研发投资绝对额在 EVA 考核实施后显著提升，但这只能说明无论是否实施 EVA 考核，这种可能随着经济增长而增长的时间趋势都存在。企业属于实验组或控制组的虚拟变量 *EVADUM* 的系数分别为 0.343 和 0.058，前者在 5% 的统计水平上显著而后者不显著，并且后者明显小于前者，表明在其他条件相同的情况下，无论是否采用了 EVA 考核，实施 EVA 考核的企业比未实施 EVA 考核的企业本身研发投资就要多，这是两组的系统性差异，但是这种差异在统计意义上并不明显。本书最关心的是 *EVADUM* 和 *PERIOD* 的交乘项系数，分别为 0.469 和

0.488 且在 1% 的水平上显著，表明从平均意义上来说，在其他条件相同的情况下，实施 EVA 考核的企业在实施 EVA 考核后企业研发投资强度显著高于未实施 EVA 考核的企业。第（3）、（4）列对研发投资强度的回归结果与研发投资自然对数的回归结果类似。加入了控制变量的第（4）列比第（3）列的调整后 R^2 要高（0.256>0.034），模型设定更优，*PERIOD* 的系数均为正，分别为 0.006 和 0.020，且均在 1% 的统计水平上显著，*EVADUM* 的系数均为正，分别为 0.003 和 0.001，均不显著，*EVADUM* 和 *PERIOD* 的交乘项系数，分别为 0.010 和 0.008 且在 1% 的水平上显著。该结果意味着 EVA 考核自 2010 年实施以后，国有企业相关人员对 EVA 理念进行学习和理解，深化资本有偿占用的观念，将国有资金投入能够真正创造价值的项目，使国有资产的经营者和所有者的利益趋于统一；同时，通过 EVA 指标计算中研发投资调整项将研发投资视为企业的资产而非费用的引导作用，解除了管理者因为研发大量投入而导致年度考核不达标的后顾之忧，克服了管理者由于传统会计利润考核所带来的短视行为，从而有效地缓解了深植于国有企业中的代理问题，促使国有企业增加了研发投资的绝对额和相对额，这与本书假设 4-1 和假设 4-2 中的理论预期相一致。而李志学等（2014）[81] 在其研究中使用 T 检验和多元回归的方法验证了 EVA 考核对中央上市公司研发投资绝对量有显著的提升作用，但对研发投资强度（研发投资/营业收入）这一相对量影响并不显著，认为中央上市公司是由于收入增加而相应增加研发投资比例，这样的结论差异性可能是由于研究方法的选取导致的。而其他文献结论虽与本书相同，但实质上在研究设计上将 EVA 作为被解释变量，通过探讨研发投资对其影响反推 EVA 考核对企业创新的影响[189]，并未达到研究目的。因此，本书的研究可能为检验 EVA 考核实施对研发投资影响提供了更为可靠的论证。

表 4-7　EVA 绩效考核实施与企业研发投资关系回归结果

变量名称	（1）RD	（2）RD	（3）RDIN	（4）RDIN
PERIOD	0.753***	0.741***	0.006***	0.020***
	(6.50)	(5.03)	(2.83)	(6.21)
EVADUM	0.343**	0.058	0.003	0.001
	(2.21)	(0.48)	(1.11)	(0.23)
PERIOD×EVADUM	0.469***	0.488***	0.010***	0.008***
	(2.62)	(3.55)	(2.87)	(2.82)
SIZE		0.733***		−0.001*
		(22.31)		(−1.85)
LEV		−0.576***		−0.024***
		(−3.21)		(−6.24)
AGE		−0.017**		−0.001***
		(−2.48)		(−7.14)
GAge		−0.002		−0.001**
		(−0.18)		(−2.11)
GSize		−0.034***		−0.001**
		(−2.74)		(−2.40)
GSalary		0.424***		0.005***
		(9.16)		(4.63)
GShare		2.667**		0.263***
		(2.15)		(9.84)
DSize		−0.002		0.000
		(−0.11)		(0.20)
Dual		0.145		0.006***
		(1.50)		(2.81)
GQhhi		0.111		−0.010**
		(0.51)		(−2.03)
Constant	16.297***	−6.211***	0.015***	0.008
	(160.81)	(−7.75)	(7.76)	(0.47)
	控制行业和年度效应			
调整后 R²	0.068	0.455	0.034	0.256

变量名称	（1）*RD*	（2）*RD*	（3）*RDIN*	（4）*RDIN*
F 值	66.001	68.479	31.851	28.841
N	2670	2670	2670	2670

注：括号内为 t 值，*、** 和 *** 分别表示在 10%、5% 和 1% 的显著性水平下显著。

控制变量方面，规模大的国有上市公司更愿意也更有能力进行研发投资，研发投资的绝对额随规模的增大而提高，但与研发投资强度显著负相关。资产负债率越高的公司，财务风险越大，受到债权人的约束更强，因此不利于进行高风险的研发活动，研发投资无论绝对值还是相对值都与其呈显著的负相关关系。公司年龄越大、公司高管年龄越大、高管规模越大，越不愿意进行研发相关活动，高管薪酬越高、高管持股比例越高，越有利于促进企业进行研发活动，说明薪酬激励和股权激励能够很好地缓和国有上市公司的委托代理矛盾，促进企业加大研发投资。过高的股权集中度并不利于企业研发投资强度的提高。总体而言，控制变量的结果与大部分文献基本一致。

4.4.2　稳健性检验

4.4.2.1　PSM 测试

本书采用了双重差分（DID）模型，处理组为中央企业，对照组为地方国有企业，地方国有企业虽然相比非国有企业在除了实施 EVA 之外的特征上与中央企业更相似，但是仍然会存在一些天然差异而带来内生性问题，降低 DID 回归的有效性。假设令 $\Delta RDIN_{i,t}^{1}$ 表示实验组的实施 EVA 考核公司 i 在 EVA 绩效考核发生后（$Period=1$）相比实施前（$Period=0$）的研发投资差异，同时假设实验组公司 i 如果没有实施 EVA 考核（反事实分析），在 $Period=1$ 和 $Period=0$ 时期的研发投资差异为 $\Delta RDIN_{i,t}^{0}$，则 EVA 考核实施对公司研发投资影响 ξ 可以用式（4-2）表示：

$$\xi = E(\xi_i \mid EI = 1) = E(\Delta RDIN_{i,t}^1 \mid EI = 1) - E(\Delta RDIN_{i,t}^0 \mid EI = 1) \tag{4-2}$$

式（4-2）中的 $\Delta RDIN_{i,t}^0$ 由于是反事实的推测因此是不可观测的量，为了解决这个问题，可以将对照组公司在实施 EVA 考核前后研发投资的差异作为其替代值，即令 $E(\Delta RDIN_{i,t}^0 \mid EI = 1) = E(\Delta RDIN_{i,t}^0 \mid EI = 0)$。这里为了避免处理效应的内生性问题，需要通过合理的配对方法，找到与实验组相匹配的对照组方具有更好的替代效应，这样估计出来的 EVA 实施对公司研发投资的影响才更可靠和一致。因此，为了保证双重差分结果的稳健性，进一步参考 Armstrong 等（2011）[190] 的研究，采用倾向评分匹配法先为 2007~2013 年实施 EVA 考核的中央国有控股公司（又称实验组）匹配一组在样本期间内未实施 EVA 考核的地方国有控股公司（又称对照组），匹配后未实施 EVA 考核的公司在样本特征上与实施 EVA 考核的公司相同或相似，再进行双重差分模型的检验。

倾向评分匹配法（Propensity Score Match，PSM）最早由 Rosenbaum 和 Rubin（1983）[191] 提出，该方法通过 Probit 或 Logit 回归，从多维度来测算政策实施的倾向评分值（PS 值），将得分相近的两组值进行匹配从而得到政策实验组和控制组，能够较好地满足除了政策实施这一外界干扰，实验组和控制组在其他维度上的特征基本相似。下面将介绍采用倾向评分匹配法配对的具体步骤。

首先，参照 Becker 和 Ichino（2002）[192] 的做法，采用 Logit 模型来计算倾向评分值（PS 值）：

$$p(X_i) = \Pr(D_i = 1 \mid X_i) = \frac{\exp(\theta X_i)}{1 + \exp(\theta X_i)}, \tag{4-3}$$

其中，X 为匹配变量，代表影响公司实施 EVA 考核倾向的多维自变量，θ 为各自变量的回归系数。倾向评分值即为 Logit 模型所预测的 $p(X_i)$。考虑到企业实施 EVA 考核主要出于解决代理问题，参考 Lovata 和 Costigan（2002）[180] 提到的因素，在匹配变量的选择上除了加入表征企业基本特征的变量，包括公司规模、公司资产负债率、公司年龄外，选用了表征公司治理特征的变量，包括高管规模、高管薪酬、股权集中度。

其次,采用一定的匹配方法将 PS 值相近的公司进行配对,通常使用的配对方法包括最近邻匹配、半径匹配以及核匹配。本书选用最近邻匹配方法,最近邻匹配是对每个实验组企业的 PS 值通过距离最近的原则向前或向后选择匹配对象。用 T 和 C 分别代表实验组和控制组,Y_i^T 和 Y_i^C 分别代表实验组和控制组能够观测到的绩效。$C(i)$ 代表通过 PS 值与第 i 个实验组个体配对成功的控制组个体的集合,因此,最近邻匹配方法可以用如式(4-4)表示:

$$C(i) = \min_{j} \| p_i - p_j \| \tag{4-4}$$

最后,在得到控制组公司后,还需要进行匹配有效性检测,主要对平行假设(Balancing)进行检验,确保控制组和实验组中各项变量的均值没有显著的差异,这样才能最终保证在进行双重差分模型分析时除了政策实施变量不同外,其他维度的特征基本相似。

按照上述步骤,先对模型(4-3)进行 Logit 回归,以此为基础为已实施 EVA 考核的公司寻找配对的控制组样本,Logit 回归结果见表4-8。通过表4-8可以看出各配对变量均显示出较好的显著性水平,模型拟合度较好。然后,采用最近邻匹配法进行有放回的匹配(即控制组中同一家公司可以匹配给不同的实验组公司),最终得到匹配后的实验组和控制组共 1265 个观测值。匹配前后的倾向评分核密度分布见图 4-1 和图 4-2,通过对比可以发现,匹配后样本中实施 EVA 考核的公司在匹配变量经过 Logit 拟合出的 PS 值的概率分布与未实施 EVA 考核的企业更加相近,可以直观看出匹配效果比较理想,为了进一步确定匹配的效果,对匹配后的样本进行平行检验,检验结果见表4-9。通过表4-9可以看出,实验组和控制组公司在表征公司特征的变量系数的 p 值均大于 0.1,说明实验组和控制组在这些维度上均无显著差异。因此,运用双重差分模型配对后的样本进行回归,回归结果见表4-10第(1)和第(2)列。另外,考虑到实验组(中央企业)在 2010 年实施 EVA 考核后,控制组(地方国有企业）也逐步开始参照 EVA 考核办法，由于无法确定各地方国有企业实施的年份，为了保证控制组的有效性，样本区间越靠近实施年份（2010 年）双重差分模型的回归结果越合理，因此，将样本年份缩小至 2008～2011 年的稳健性检验结果见表 4-10 的第（3）和第（4）列。由表 4-10 的第（1）、（3）列可以看出，国有企业研发投资绝对额的自然对数在经过 PSM 配对及进一步缩短样本年区间后关键变量 $EVADUM$ 与 $PERIOD$ 的交乘项系数均为正（0.365 和 0.529），且分别在 5% 和 1% 的统计水平上显著；第（2）、（4）列对研发投资强度的检验结果显示，$EVADUM$ 与 $PERIOD$ 的交乘项系数为正（0.013 和 0.012），且均在 1% 的统计水平上显著。由此可见，在经过 PSM 配对及进一步缩短样本区间后关键变量系数在符号和显著性水平方面均与单纯使用双重差分模型的回归结果基本一致，进一步证明了假设 4-1 和假设 4-2 结论的稳健性。

表 4-8　EVA 考核实施影响因素 Logit 回归结果

变量	EVADUM	
	系数	t 值
SIZE	0.125 ***	2.89
LEV	-0.882 ***	-3.52
AGE	-0.028 ***	-3.26
GSize	0.857 ***	5.33
GSalary	-0.108 *	1.70
GQhhi	0.596 **	2.00
Constant	-4.538 ***	-5.06
	控制行业效应	
N	2670	
Chi2	176	
Pseudo R^2	0.049	

注：括号内为 t 值，*、** 和 *** 分别表示在 10%、5% 和 1% 的显著性水平下显著。

匹配前（Before Matching）

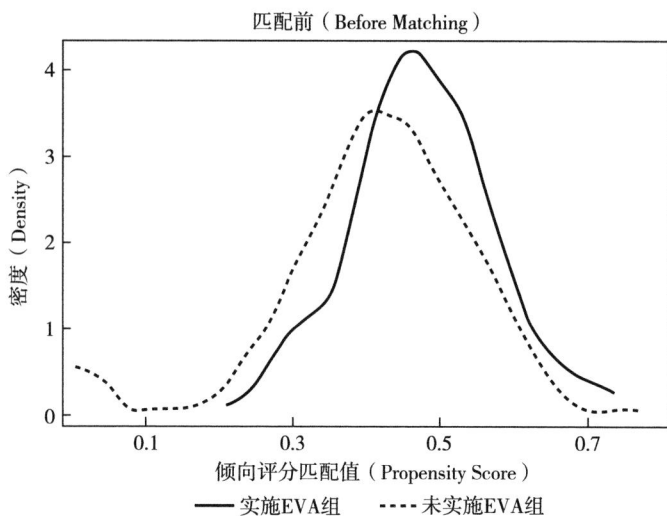

图 4-1　匹配前实验组和控制组 PS 值核密度分布

匹配后（After Matching）

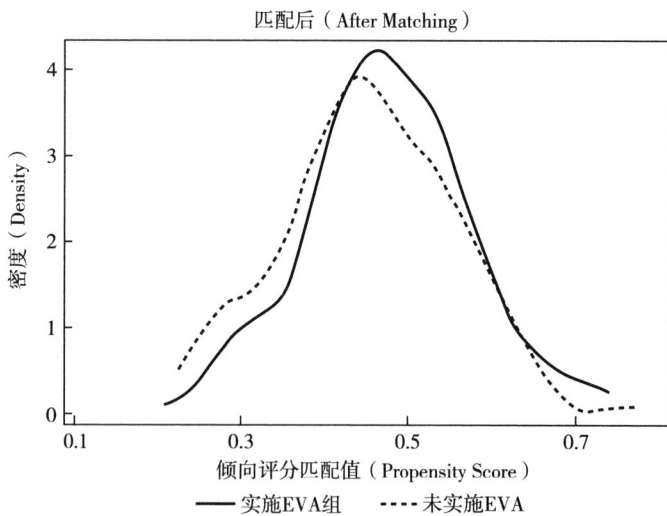

图 4-2　匹配后实验组和控制组 PS 值核密度分布

表 4-9　倾向评分匹配平行假设检测结果

变量	均值		p 值
	实施 EVA 考核	未实施 EVA 考核	
SIZE	22.051	21.922	0.455
LEV	0.519	0.491	0.288
AGE	8.893	8.275	0.296
GSize	2.290	2.276	0.639
GSalary	14.429	14.385	0.665
GQhhi	0.414	0.406	0.662

表 4-10　PSM 稳健性检验回归结果

变量名称	2007~2013 年		2008~2011 年	
	（1）RD	（2）RDIN	（3）RD	（4）RDIN
PERIOD	1.148***	0.024***	0.339*	0.007**
	(6.05)	(6.25)	(1.76)	(2.20)
EVADUM	0.064	0.003	0.006	0.002
	(0.48)	(1.21)	(0.04)	(0.78)
PERIOD×EVADUM	0.365**	0.013***	0.529***	0.012***
	(2.29)	(4.05)	(2.66)	(3.38)
SIZE	0.781***	−0.001	0.716***	−0.001
	(19.04)	(−0.60)	(12.52)	(−0.82)
LEV	−0.562**	−0.025***	−0.456	−0.028***
	(−2.54)	(−4.80)	(−1.57)	(−4.78)
AGE	−0.027***	−0.001***	−0.021*	−0.001***
	(−2.97)	(−6.76)	(−1.69)	(−5.14)
GAge	−0.006	−0.001***	0.001	−0.001
	(−0.37)	(−2.74)	(0.04)	(−1.54)
GSize	−0.377**	−0.005	−0.133	0.004
	(−2.29)	(−1.56)	(−0.55)	(0.89)
GSalary	0.418***	0.004***	0.415***	0.004***
	(7.42)	(4.17)	(5.38)	(3.00)
GShare	−3.015	0.314*	2.992	0.387*
	(−0.95)	(1.90)	(0.85)	(1.87)

续表

变量名称	2007~2013 年		2008~2011 年	
	(1) RD	(2) RDIN	(3) RD	(4) RDIN
DSize	0.008	0.007	-0.199	-0.004
	(0.03)	(1.26)	(-0.59)	(-0.66)
Dual	0.070	0.007	-0.148	0.003
	(0.66)	(1.60)	(-0.99)	(0.71)
GQhhi	0.105	-0.013**	0.112	-0.013**
	(0.39)	(-2.20)	(0.31)	(-1.98)
Constant	-6.884***	0.010	-5.863***	0.015
	(-5.98)	(0.46)	(-3.85)	(0.65)
	控制行业和年度效应			
调整后 R²	0.555	0.368	0.490	0.357
F 值	70.063	21.598	34.194	16.023
N	1265	1265	745	745

注：括号内为 t 值，*、** 和 *** 分别表示在 10%、5% 和 1% 的显著性水平下显著。

4.4.2.2 去除 EVA 实施当年的检验

EVA 考核于 2010 年在中央企业中正式推行，公司经营管理决策的相应调整可能存在一定的滞后效应。因此，本书将样本中 EVA 考核实施当年的数据去掉进行稳健性检验，双重差分回归结果见表 4-11 的第（1）、（2）列。结果显示，以研发投资绝对额自然对数为被解释变量的回归中 EVADUM 与 PERIOD 的交乘项系数为 0.454，且在 1% 的统计水平上显著；以研发投资强度为解释变量的回归中 EVADUM 与 PERIOD 的交乘项系数分别为 0.009，且在 1% 的统计水平上显著。说明之前得到的结论对假设 4-1 和假设 4-2 的支持是稳健的。

表 4-11 稳健性检验回归结果

变量名称	去除 EVA 考核当年		控制变量滞后一期		更换变量
	(1) RD	(2) RDIN	(3) RD	(4) RDIN	(5) RDIN
PERIOD	0.749***	0.020***	0.568***	0.016***	0.008***
	(4.80)	(6.91)	(3.32)	(4.63)	(4.55)

续表

变量名称	去除 EVA 考核当年		控制变量滞后一期		更换变量
	（1）*RD*	（2）*RDIN*	（3）*RD*	（4）*RDIN*	（5）*RDIN*
EVADUM	0.056	0.001	0.018	0.000	0.001
	(0.47)	(0.29)	(0.11)	(0.15)	(1.10)
PERIOD×EVADUM	0.454***	0.009***	0.482***	0.010***	0.006***
	(3.29)	(3.23)	(2.59)	(3.25)	(4.15)
SIZE	0.738***	−0.001**	0.718***	−0.002**	−0.002***
	(20.98)	(−1.98)	(18.96)	(−2.33)	(−6.03)
LEV	−0.568***	−0.024***	−0.600***	−0.028***	−0.004**
	(−3.07)	(−6.07)	(−2.95)	(−5.93)	(−2.26)
AGE	−0.017**	−0.001***	−0.015*	−0.001***	−0.000***
	(−2.52)	(−5.67)	(−1.88)	(−4.67)	(−4.40)
GAge	−0.003	−0.001**	−0.018	−0.001**	−0.000
	(−0.20)	(−2.21)	(−1.30)	(−2.11)	(−0.60)
GSize	−0.440***	−0.008***	−0.478***	−0.006**	−0.003**
	(−3.33)	(−3.01)	(−3.26)	(−2.20)	(−2.33)
GSalary	0.430***	0.005***	0.445***	0.005***	0.004***
	(8.60)	(5.93)	(8.51)	(5.20)	(8.65)
GShare	2.484**	0.249***	1.229	0.286***	0.073***
	(2.04)	(3.72)	(0.80)	(3.58)	(3.19)
DSize	−0.058	−0.000	0.173	0.002	0.000
	(−0.28)	(−0.02)	(0.77)	(0.52)	(0.21)
Dual	0.142	0.006**	0.144	0.005*	0.003*
	(1.52)	(2.12)	(1.40)	(1.73)	(1.95)
GQhhi	0.144	−0.010**	0.215	−0.012**	0.002
	(0.60)	(−2.16)	(0.81)	(−2.48)	(0.84)
Constant	−5.516***	0.015	−4.803***	0.016	−0.005
	(−6.11)	(0.98)	(−4.75)	(0.92)	(−0.58)
	控制行业和年度效应				
调整后 R²	0.459	0.244	0.447	0.266	0.232
F 值	77.147	20.551	83.665	22.027	31.555
N	2286	2286	2015	2015	2670

注：括号内为 t 值，*、** 和 *** 分别表示在 10%、5% 和 1% 的显著性水平下显著。

4.4.2.3 控制变量滞后一期检验

考虑到公司做出的投资策略具有滞后效应，因此，这里对控制变量进行滞后一期的处理来检验所得到的结果的稳健性，回归结果见表 4-11 的第（3）、（4）列。结果显示，以研发投资绝对额自然对数为被解释变量的回归中 $EVADUM$ 与 $PERIOD$ 的交乘项系数为 0.482，且在 1% 的统计水平上显著；以研发投资强度为解释变量的回归中 $EVADUM$ 与 $PERIOD$ 的交乘项系数分别为 0.010，且在 1% 的统计水平上显著。证明之前得到的结果是稳定的。

4.4.2.4 更换关键变量度量方式检验

为了进一步提高研究的可靠性，本书将解释变量研发投资强度的度量由原来的"当年研发投资/当年营业收入"替换为"当年研发投资/当年平均资产总额"，对 EVA 绩效考核对企业研发投资关系进行了稳健性检验，回归估计结果见 4-11 第（5）列。结果显示，$EVADUM$ 与 $PERIOD$ 的交乘项系数依然为正（0.006），且在 1% 的统计水平上显著，证明了之前得到结果的稳定性。

4.5 本章小结

EVA 考核虽然不能改变 R&D 活动本身的特性，但是 EVA 考核评价体系与薪酬激励机制的配合却可以有效缓解我国国有企业内部人控制以及所有者虚位带来的严重代理问题。本章以 2007~2013 年国有上市公司为研究对象，考察了 EVA 考核实施对企业研发投资的影响。利用双重差分模型，克服了 EVA 考核实施后果研究中存在的内生性问题。实证研究发现，相比未实施 EVA 考核的企业，实施 EVA 考核的企业在实施 EVA 考核后研发投资强度均显著提高，并且通过 PSM 配对、在 PSM 配对基础上缩短样本区间、去掉 EVA 实施当年数值、将控制变量滞后一期、更换研发投资强度关键变量的度量方式等对本书的结果进行了充分的稳健性检验，以保证本章结果的可靠性。

实证结果证实了自 2010 年实施 EVA 考核后，国有企业相关人员能够将国有资金投入能够真正创造价值的项目，使国有资产的经营者和所有者的利益趋于统一，解除了管理者因为研发大量投入而导致年度考核不达标的后顾之忧，克服了传统会计利润考核带来的短视行为，从而有效缓解了深植于国有企业中的代理问题，促使国有企业增加了研发投资的绝对额和相对额（研发投资强度）。

第 5 章　EVA 考核、管理者特征与国有企业研发投资关系的实证研究

5.1　理论分析与假设提出

　　根据委托代理理论，只有通过建立合理有效的考核评价机制，企业的代理问题才能得到有效缓解。设计相应的考核指标和激励制度，让管理者的工作积极性充分调动起来，引导和鼓励管理者做出正确、规范的决策行为，才有利于EVA 考核的实施效果。EVA 考核将研发费用重新加回来，对传统的会计指标考核进行了一定的调整，使管理者改变企业研发活动相关的决策，增加企业研发投资以促进企业的研发创新发展。除了 EVA 考核对管理者决策的外在影响，基于 Hambrick 和 Mason 于 1984 年提出的高层梯队理论，管理者内在的一些特征也会对管理过程中的决策如研发决策产生一定的影响，这种影响是由管理者长期的积累和主观感受所决定的[193]。因此，管理者特征又会在业绩考核机制影响企业研发投资的基础之上，产生进一步的影响，包括对研发投资的态度和

决策行为。根据高层梯队理论，不同的管理者特征对 EVA 考核与国有企业研发投资的关系将产生不同的调节效果。为了检验管理者特征的调节效应，下文分别从年龄、学历、任期、性别、学科背景和职业背景六个方面进行分析并提出研究假设。基于以上分析，提出本书的调节效应示意图，如图 5-1 所示。

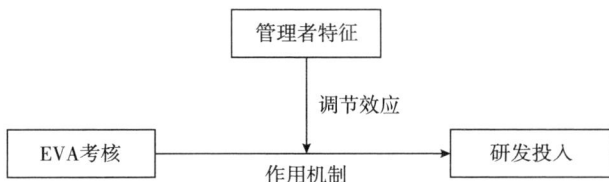

图 5-1　调节效应示意图

5.1.1　管理者特征与研发投资

5.1.1.1　管理者年龄

根据信息决策理论的相关观点，面对难度较大的管理决策时，往往最考验管理者对各方面信息的了解程度以及这些信息与管理决策的匹配程度。当有效信息越充分时，进行的相关决策就会越科学、越利于企业的进一步发展，这就要求管理者有足够丰富的阅历和工作经验。一个人的社会阅历往往和其年龄相关，也就是说年龄越大，社会阅历就越丰富。当管理者有丰富的社会阅历和较强的组织资本，凭借以往的管理经验，会从更全面的角度进行企业的管理决策，从而更容易达到管理目标或者解决日常一些棘手的困难。除此之外，年长型管理者拥有较高的认知水平、较严谨的逻辑思维以及更全面的知识储备。在面对周期较长和风险较大的企业研发活动时，一些年轻的管理者可能会显得手足无措，没有经验和信心从容应对日后的研发活动。而年长型管理者在这方面进行的决策会相对成熟，更有利于企业的创新发展。基于此，提出以下假设：

H5-1：管理者年龄与研发投资呈正相关关系。

5.1.1.2　管理者学历

管理者学历一定程度上体现了管理者的认知水准和管理能力，进而影响企业的研发活动。基于社会认同论和信息决策论，于企业的经营管理决策而言，管理者学历的差距是一把"双刃剑"。消极的是学历水平差距过大可能导致管理者们分析问题和解决问题的方式截然不同，这些差异可能产生决策过程中的沟通障碍和不方便，甚至发生管理层内部冲突，不利于创造和谐的团队氛围，增加企业外部成本。积极方面是不同学历的管理者能激发企业的创造力和活力，提高企业决策的质量和水平。根据高层梯队理论，学历的提升会潜移默化地影响管理者的价值观和人生观。高学历管理者拥有更强的逻辑思维及学习能力，能对刚步入大众视线的新生事物迅速做出反应，善于站在宏观层面思考并解决问题。学历低的管理者往往依靠以往的实践经验和管理经验来对企业中的研发活动进行决策，而这些经验需要较长时间积累，并不利于企业的长期研发创新。此外，姜付秀等（2009）和李国勇等（2012）认为管理者学历越高，其接触到的与研发相关的知识和决策越多，也就意味着高学历管理者拥有更强的发现创新机会和提高创新水平的能力，对研发投资做出的决策和选择也更合理[194-195]。并且有研究表明学历越高的管理者对创新投入的敏感度越高，与较低学历的管理者相比具有更强的信息接受能力和信息处理能力。基于此，提出以下假设：

H5-2：管理者学历与研发投资呈正相关关系。

5.1.1.3　管理者任期

Bantel 和 Jackson（1989）认为企业管理者的任期越长，就越支持企业或组织现阶段的企业文化，对于企业的研发投资活动有较强的创新意愿[196]。Hambrick 和 Mason（1984）、Wiersema 和 Bantel（1992）基于不同的研究对象也发现任期长的管理者会满足于现状，即便对企业内部信息有足够的了解，也十分不情愿去改变企业固有的管理模式和运行形式，甚至会特别排斥研发过程中常见的风险和挑战，导致企业创新发展难以为继[193, 197]。如果管理者的任期比较短，当面临一个有较大回报的研发任务时，管理者愿意"背水一战"的可能性也是存在的。而对于任期长的管理者来说，任职时间过长有可能削弱他对研发的积极性和耐心，管理者越缺乏动力进行研发决策，容易自我满足并且陷入惰性状态。基于此，提出以下假设：

H5-3：管理者任期与研发投资呈负相关关系。

5.1.1.4　管理者性别

研发投资活动是一个需要不断尝试和探索的长期过程，同时伴随着很多潜在的巨大风险。每个企业家或者管理者都是创新者，都对企业外部环境的变化保持高度且持续的关注，能够对其迅速地做出判断和决定，这需要一定的勇气和创新意识。Barber 和 Odean（2001）发现一般女性不会选择风险较高的投资，这是因为女性的内在性格使她们对管理中的财务和投资行为产生抵触心理[198]。传统观点认为女性管理者比男性管理者更有耐心，对待一些事物也更有信心和更敏锐。但女性管理者创新意识较低，更容易满足于当下，不愿意接受风险过高的研发活动。因此，女性管理者面对企业的研发活动时有较多的局限性。男性管理者比较愿意承担风险，拥有较强的大局意识，能从整个宏观战略层面把控企业的经营和管理，他们多数有较高的创新意识，更青睐和向往增加研发活动提升自己的业绩绩效和加快企业的研发创新进程。此外，男性参与管理有利于发挥性别在思考和解决问题方面的优势，男性管理者可以充分利用自己以往工作中形成的职业经验和思维方式，为企业管理决策提供创新性的视角和解决问题的新对策，而这些新的观点和新的方式正是提高企业研发创新的必备条件。基于此，提出以下假设：

H5-4：男性管理者与研发投资呈正相关关系。

5.1.1.5 管理者学科背景

研发对于研发人员的专业能力是一个重要的考验，产品研发或者技术创新都无不依赖着技术人员和管理者的专业知识。何威风和陈娥（2017）认为学科教育会影响一个人的认知偏好、问题理解、信息处理方式等心理特征[199]。当管理者在进行研发决策时，更愿意规避不擅长的领域而选择自己熟悉的领域，以降低研发风险。管理者的学科背景很大程度上影响了他们的决策，拥有理工科背景的管理者，思维更缜密，相关知识储备更丰富，对资源的调配和利用也更高效。相较于其他专业背景的管理者，理工科背景的管理者深谙所处领域的未来发展趋势，能够意识到领域内创新驱动的重要性，就会更重视研发活动的投入并且研发资金的利用率也更高。管理者的专业技术背景可以看作其自身的一项无形资产，拥有这样的个人资产，相当于增加了自我内在的人力资本价值，在研发过程中可以将这样的个人人力资本升华为企业的价值，这在某种程度上也是一种人生价值的实现。基于此，提出以下假设：

H5-5：管理者的理工科学科背景与研发投资呈正相关关系。

5.1.1.6 管理者职业背景

Barker 和 Mueller（2002）认为个人的职业背景和经历决定了其关注的焦点，对其决策产生重要影响[200]。不同的职业经验对企业研发决策的影响很大，当不同职业背景的管理者面对同一个难题时，他们主要以自己的职业经历为着眼点来分析并解决问题，拥有相似职业背景的管理者会做出相似的决定。Miller（1991）认为管理者对新技术的认知会因之前的职业经验而有所偏差，尤其是在产出职能方面拥有丰富的职业经验的管理者将支持创新战略，这些业务职能强调通过发现新产品和新市场的增长来提升企业的技术创新能力[201]。在过去的管理经验中，涉及研发、生产和设计背景的管理者，面对企业的研发活动，因其与研发、生产和设计均有交叉特点部分相似，对研发相关的决策可以吸取以往经验的"精华"。此外，这类管理者有与研发活动相关的可以借鉴的创意和想法，管理者的工作经历也能帮助研发活动进行得更加顺利。并且从事过相关工作的管理者，个人积攒了足够丰富的人力资本和社会资本也有利于现在所从事的职业。基于此，提出以下假设：

H5-6：管理者有研发、生产和设计的职业背景与研发投资呈正相关关系。

5.1.2　管理者特征的调节作用

与传统的"理性人"假设不同的是，高层梯队理论提出的基本假设是企业管理者是有限的理性，管理者不可能对任何领域中每一个方面的知识都非常熟悉，管理者的认知水平和价值观与其对相关信息的解释力息息相关，进而决定企业的行为、战略决策和经营绩效。也就是说，拥有不同特征的管理者其创新决策行为也会不同，对企业整体创新发展程度的影响也不同。同时，以管理者可直接获取的且容易观测到的人口统计学特征（如年龄、性别、任期、职业背景、教育水平等）来代替无法直接获取的、管理者内部一些心理特征（如认知能力、创新意识、风险承受度和价值观等），并用其来进行管理者的相关研究。在已有的研究成果中，EVA 考核对企业研发投资会产生一定的积极作用，管理者特征对二者之间的关系又会产生不同的效果。

对于这一情况，具有不同特征的管理者对 EVA 考核影响国有企业研发投资的态度和看法可能大相径庭，因此每个管理者对此进行的相关决策也有所不同。学历高的管理者相较于学历低的管理者对 EVA 考核的相关理论虽然不一定更熟悉，但是他们的学习能力、逻辑思维能力和接受新知识的能力会更强，对 EVA 考核的理解会更透彻，从而在 EVA 考核的指引和激励下会更愿意提升企业的研发投资；年长的管理者比年轻的管理者的管理经验更加丰富，在面临 EVA 考核压力时，更能调整自己的决策，加大研发投资。若管理者的任期比较长，再加上研发活动的长周期，管理者很有可能失去进行研发决策的积极性，不利于企业的研发创新；若管理者的任期较短，为了在任期内达到 EVA

考核的标准，这些管理者也许会不遗余力地开展研发活动，提高企业研发效率，促进企业的研发投资。女性管理者比男性管理者多了一些细腻和耐心，对于周期长、投入大的研发活动，在被 EVA 考核期间女性的耐心和细腻能让其更容易达到考核的标准，从而更有利于企业技术创新的发展。最后，如果管理者有理工科专业背景和研发、设计和生产的职业经历，以往的学习经历和职业经历会让管理者进行研发活动时更得心应手，在应对研发过程中的难题时更加从容，也更符合国资委实施 EVA 考核的初衷，从而更有利于研发投资的发展。基于上述分析，提出以下研究假设：

H5-7：管理者年龄对 EVA 考核与研发投资的关系具有正向的调节作用。

H5-8：管理者学历对 EVA 考核与研发投资的关系具有正向的调节作用。

H5-9：管理者任期对 EVA 考核与研发投资的关系具有负向的调节作用。

H5-10：女性管理者对 EVA 考核与研发投资的关系具有正向的调节作用。

H5-11：管理者的理工科学科背景对 EVA 考核与研发投资的关系具有正向的调节作用。

H5-12：管理者有研发、生产和设计的职业背景对 EVA 考核与研发投资的关系具有正向的调节作用。

5.2 研究设计

5.2.1 模型构建与变量选择

5.2.1.1 模型构建

基于双重差分法的思想，本书分别以研发投资绝对量和研发投资相对量作为被解释变量构造如下两个模型：

$$LNRD = \alpha_0 + \alpha_1 EVADUM + \alpha_2 PERIOD + \alpha_3 EVADUM \times PERIOD +$$

$$\alpha_4 ControlVariables + \varepsilon \tag{5-1}$$

$$RDIN = \alpha_0 + \alpha_1 EVADUM + \alpha_2 PERIOD + \alpha_3 EVADUM \times PERIOD +$$

$$\alpha_4 ControlVariables + \varepsilon \tag{5-2}$$

再在第二个模型的基础上分别对年龄、学历、任期、性别、学科背景和职业背景进行分组回归，以检验每一个管理者特征对 EVA 考核与国有企业研发投资之间关系的调节效果。之后关于管理者特征对研发投资的影响，再构建如下六个模型：

$$LNRD(RDIN) = \alpha_0 + \alpha_1 AGE + \alpha_2 ControlVariables + \varepsilon \tag{5-3}$$

$$LNRD(RDIN) = \alpha_0 + \alpha_1 ADU + \alpha_2 ControlVariables + \varepsilon \tag{5-4}$$

$$LNRD(RDIN) = \alpha_0 + \alpha_1 TENURE + \alpha_2 ControlVariables + \varepsilon \tag{5-5}$$

$$LNRD(RDIN) = \alpha_0 + \alpha_1 GENDER + \alpha_2 ControlVariables + \varepsilon \tag{5-6}$$

$$LNRD(RDIN) = \alpha_0 + \alpha_1 MAJOR + \alpha_2 ControlVariables + \varepsilon \tag{5-7}$$

$$LNRD(RDIN) = \alpha_0 + \alpha_1 WORK + \alpha_2 ControlVariables + \varepsilon \tag{5-8}$$

5.2.1.2 变量选择

（1）因变量。根据已有的众多文献，大多数学者选取研发投资相对量即研发强度和研发投资绝对量作为研究内容的被解释变量，本书以研发投资金额和企业总资产的比值为研发投资强度（$RDIN$），用研发投资资本化金额和费用化金额之和作为研发投资绝对额（$LNRD$）。

（2）自变量。根据双重差分模型，将中央企业观测值作为实验组，民营企业观测值作为对照组，然后设置分组虚拟变量 $EVADUM$ 和时间虚拟变量 $PERIOD$。默认中央企业实施了 EVA 考核，即 $EVADUM = 1$，民营企业未实施 EVA 考核，即 $EVADUM = 0$；令 2010 年及以后期间的企业 $PERIOD = 1$，表示公司处于 EVA 考核机制已出台期间，而 2010 年以前 $PERIOD = 0$，表示公司处于 EVA

考核机制未出台期间。同时设置 EVADUM 和 PERIOD 交互项表示该国有企业已实施了 EVA 考核。

（3）调节变量。本书选用年龄（AGE）、学历（ADU）、性别（GENDER）、任期（TENURE）、学科背景（MAJOR）和职业背景（WORK）六个管理者特征作为调节变量。其中，依据何威风和陈娥（2017）[199] 的研究，本书中的学科背景特征选择具有理工科专业背景的管理者，而职业背景根据国泰安数据库对职业背景的分类，选择与研发有关的研发类、设计类、生产类任一类职业背景的管理者们。各变量具体定义及计算方法如表5-1所示。

（4）控制变量。企业的研发投资情况会受到企业的某些财务指标或者基本信息的影响，本书选择将股权集中度、高管人数、资产收益率、公司规模和上市年龄作为控制变量，同时控制行业虚拟变量和年度。各变量具体定义及计算方法如表5-1所示。

表5-1　变量定义

变量类别	变量符号	变量名称	计算方法
因变量	EVADUM	EVA 考核	已实施 EVA 考核的企业为1，反之为0
	PERIOD	EVA 考核期间	处于 EVA 考核期间的为1，反之为0
自变量	RDIN	研发强度	研发投资金额/企业总资产
	LNRD	研发投资量	当期研发投资资本化与费用化金额之和取对数
	AGE	年龄	取管理者平均年龄
	ADU	学历	取管理者平均学历，中专及中专以下=1，大专=2，本科=3，硕士研究生=4，博士研究生=5
调节变量	TENURE	任期	取管理者平均任期
	GENDER	性别	男性为1，女性为0
	MAJOR	学科背景	理工科专业为1，反之为0
	WORK	职业背景	有研发、设计或生产职业经历的为1，反之为0
	GQHHI	股权集中度	公司第一大股东持股比例
	GSIZE	高管人数	年报中披露的高级管理人员的总人数
	ROA	资产收益率	净利润/资产合计期末余额

变量类别	变量符号	变量名称	计算方法
控制变量	SIZE	公司规模	总资产取自然对数
	FIRMAGE	上市年龄	当期年度减去上市年份
	IND	行业虚拟变量	根据中国证监会行业分类大类，样本分为工业、房地产、公共事业、商业、综合5个大类，4个虚拟变量
	YEAR	时间虚拟变量	选取2008~2019年12个年度，11个虚拟变量

5.2.2 样本选取与数据来源

本书选择2008~2019年沪深两市主板A股的中央企业作为研究对象，选择民营企业作为国有企业的对照组。为了更好地解决实施EVA考核的内生性，本书选择通过PSM匹配方法，将中央企业样本和民营企业样本按照年度、行业和资产负债率进行匹配。本书对样本进行以下筛选：①剔除公司经营异常的ST、＊ST样本观测值；②剔除没有披露研发投资或者研发投资为0的样本观测值；③剔除在样本区间内数据缺失的样本观测值；④剔除当年上市企业的样本观测值。数据的处理通过Stata15.0和Excel共同完成。本书所有数据均来自国泰安数据库且均已进行1%和99%的缩尾处理。经过以上筛选，共获得3913个观测值，实验组最终得到1643个观测值，控制组最终得到2270个观测值。

5.3 实证结果分析

5.3.1 描述性统计

表5-2是对全变量进行的描述性统计，从中可以发现：中央企业和民营企

业的研发投资绝对量取对数后的平均值是 17.87，*RDIN* 的最大值和最小值的差距达到了 10 以上，个别企业的 *RDIN* 仅有 0.01，可见企业之间对待研发投资的差距较大，仍有一部分企业不够重视研发投资的发展。管理者平均年龄在 48 岁左右，最年轻的管理者与最年长的管理者相差也较大；男性管理者比例为 83.2%，表明男性在管理者中已成为主要力量；管理者平均学历为 3.4，说明大多数管理者都拥有比较高的受教育水平；有 24.3% 的管理者以前从事过研发、生产和设计类任一类职业；管理者任期的标准差达到了 18.06，表明企业之间的管理者任期存在较大的差距，有些管理者任期长达 96 个多月，而有的管理者任期因某些原因仅有 9 个多月。管理者中理工科学科背景占 27.6%，管理者之间的学科背景标准差较小。

表 5-2　各变量描述性统计

变量名称	平均值	标准差	最大值	最小值	中位数	N
LNRD	17.87	1.519	25.03	5.094	17.86	3913
RDIN	2.297	1.946	10.74	0.01	1.891	3913
AGE	48.68	3.207	56.2	41.14	48.66	3913
ADU	3.407	0.548	4.952	1	3.444	3913
TENURE	44.38	18.06	96.43	9.95	42.96	3913
GENDER	0.832	0.104	1	0.556	0.846	3913
MAJOR	0.276	0.303	1	0	0.2	3913
WORK	0.243	0.16	0.667	0	0.227	3913
SIZE	22.16	1.323	26.43	19.71	21.98	3913
ROA	0.039	0.078	1.126	−2.555	0.037	3913
GQHHI	34.26	14.84	89.99	3.003	32.32	3913
GSIZE	6.525	2.561	45	0	6	3913
FIRMAGE	9.59	5.93	24	1	8	3913

控制变量方面，企业总资产的对数最大值为 26.43，标准差为 1.323，表明样本的公司规模相差并不大；净资产收益率平均值只有 0.039，表明企业的盈利能力总体来说处于较低水平；公司第一大股东持股比例相差较悬殊，最高比例与最低比例相差近 87%，标准差高达 14.84；由表 5-2 可知，各企业的高管规模和上市年龄也差距较大。

表 5-3 是把实施 EVA 考核的企业和未实施 EVA 考核的企业按年度进行描述性统计，由此来展现实施 EVA 考核前后研发投资的时间趋势，从表 5-3 可以看出：实施 EVA 考核企业与未实施 EVA 考核企业研发投资强度有较明显的差距，2008~2019 年实施 EVA 考核的企业研发强度平均值增长了 0.545，增幅达到了 36.1%，全样本的均值也有小幅上升。此外，全样本的中位数 1.891 略低于平均数 2.297，表明大多数企业研发投资强度与平均值还存在一定的差距。而且实施 EVA 考核的企业在 2011 年即刚实施 EVA 考核后的年度，研发投资强度有大幅度提高。对于未实施 EVA 考核的企业而言虽然大部分年份研发投资强度的平均值和中位数都较大，但是 2010 年之后未实施 EVA 考核的企业研发强度低于实施了 EVA 考核的企业，这表明 EVA 考核在实施之后对企业研发投资还是产生了一定的积极影响，验证了 EVA 考核的初步成效。

表 5-3   研发强度分年度描述性统计

年份	实验组		对照组		全样本	
	平均值	中位数	平均值	中位数	平均值	中位数
2008	1.509	0.978	2.489	1.954	2.226	1.751
2009	1.984	1.414	2.835	2.125	2.623	1.973
2010	2.138	1.769	2.900	2.325	2.773	2.279
2011	2.728	2.241	2.406	2.002	2.442	2.032
2012	1.994	1.571	2.364	1.941	2.276	1.873
2013	2.032	1.650	2.426	1.931	2.331	1.874

续表

年份	实验组		对照组		全样本	
	平均值	中位数	平均值	中位数	平均值	中位数
2014	2.106	1.607	2.365	1.964	2.302	1.908
2015	2.044	1.571	2.231	1.884	2.185	1.829
2016	1.965	1.493	2.178	1.839	2.125	1.747
2017	2.017	1.661	2.208	1.856	2.161	1.823
2018	2.044	1.643	2.394	1.989	2.306	1.901
2019	2.054	1.734	2.715	2.238	2.498	2.137
Total	2.041	1.601	2.378	1.953	2.297	1.891

5.3.2　相关性分析

表5-4是本书主要变量的相关系数矩阵。从表5-4可以看出，研发投资（$LNRD$）和研发强度（$RDIN$）与EVA实施是否已实施，即表示在2010年及以后的虚拟变量研发强度（$PERIOD$）、EVA是否得到实施变量（$EVADUM$）之间均存在显著正相关关系。研发投资强度（$RDIN$）与学历（ADU）、学科背景（$MAJOR$）、工作背景（$WORK$）以及任期（$TENURE$）呈正相关关系，而与年龄（AGE）呈负相关关系，与任期之间的关系并不显著；研发投资强度（$RDIN$）与上市年龄（$FIRMAGE$）、公司规模（$LNSIZE$）则呈显著的负相关关系，与资产收益率（ROA）、高管规模（$GSIZE$）以及股权集中度（$GQHHI$）呈显著的负相关关系。研发投资（$LNRD$）与管理者特征以及每个控制变量都存在显著的正相关关系；为了避免变量间数据出现多重共线性，本书检验了各变量之间的方差膨胀因子，结果显示均小于10，因此可以得出本书结果未受到多重共线性的影响。

表5-4 相关系数表

	RDIN	LNRD	EVADUM	PERIOD	ADU	AGE	GENDER	MAJOR	WORK	TENURE	FIRMAGE	LNSIZE	ROA	GSIZE	GQHHI
RDIN	1														
LNRD	0.476***	1													
EVADUM	0.074***	0.147***	1												
PERIOD	-0.020*	0.148***	-0.089***	1											
ADU	0.140***	0.209***	0.149***	0.093***	1										
AGE	-0.103***	0.230***	0.372***	0.173***	0.039***	1									
GENDER	-0.016	0.115***	0.306***	-0.105***	0.045***	0.248***	1								
MAJOR	0.132***	0.046***	0.071***	0.007	0.041***	-0.017	0.083***	1							
WORK	0.179***	0.075***	-0.036***	0.122***	0.066***	0.036*	0.126***	0.293***	1						
TENURE	0.056***	0.176***	-0.141***	0.361***	-0.028***	0.309***	-0.069***	-0.072***	0.034***	1					
FIRMAGE	-0.140***	0.184***	0.384***	0.135***	0.119***	0.318***	0.078***	-0.142***	-0.302***	0.209***	1				
LNSIZE	-0.194***	0.561***	0.347***	0.138***	0.199***	0.409***	0.181***	-0.040***	-0.136***	0.142***	0.396***	1			
ROA	0.137***	0.081***	-0.082***	-0.049***	0.017	-0.041*	-0.026	0.044**	0.056***	0.001	-0.094***	-0.024**	1		
GSIZE	0.118***	0.272***	0.147***	0.009	0.074***	0.113***	0.167***	0.093***	0.090***	0.019***	0.029***	0.298***	0.053***	1	
GQHHI	-0.094***	0.073***	0.262***	-0.075***	0.045***	0.116***	0.088***	-0.027***	-0.028***	-0.120***	-0.032***	0.230***	0.073***	-0.006	1

5.3.3 双重差分回归结果分析

为了避免可能由现有文献因控制组选择不当、时间趋势效应带来的内生性问题，本书运用双重差分模型，分别以研发投资绝对量（LNRD）、研发投资强度（RDIN）作为因变量，以个体虚拟变量（EVADUM）、时间虚拟变量（PERIOD）以及二者交乘项（EVADUM×PERIOD）作为自变量，以此来验证EVA考核制度的实施是否对研发投资产生影响，结果见表5-5。

表5-5 EVA考核与研发投资关系回归结果

	（1）	（2）	（3）	（4）
	LNRD	LNRD	RDIN	RDIN
PERIOD	1.146***	1.098***	−0.276*	1.165***
	(8.89)	(6.53)	(−1.83)	(4.89)
EVADUM	0.447***	0.138***	−0.070	0.200***
	(8.07)	(2.88)	(−1.07)	(2.94)
EVADUM × PERIOD	0.233	0.639***	0.738**	0.751***
	(0.92)	(3.50)	(2.50)	(2.91)
GQHHI		−0.000		−0.002
		(−0.22)		(−1.06)
GSIZE		0.045***		0.087***
		(5.89)		(8.08)
ROA		1.433***		2.643***
		(5.89)		(7.67)
FIRMAGE		−0.043***		−0.032***
		(−10.09)		(−5.30)
SIZE		0.828***		−0.189***
		(45.01)		(−7.26)
控制年度和行业				
_ cons	16.773***	−2.375***	2.497***	4.392***
	(130.01)	(−5.41)	(16.56)	(7.05)

续表

	(1)	(2)	(3)	(4)
	LNRD	*LNRD*	*RDIN*	*RDIN*
R^2	0.040	0.505	0.001	0.242
F	55.447	125.611	2.633	40.073
N	3913	3913	3913	3913

注: ***、**和*分别表示在1%、5%和10%的水平上显著。

表5-5中第（1）、（2）列是以研发投资绝对量（*LNRD*）作为因变量来检验EVA考核对国有企业研发投资影响的回归结果。模型（1）没有加入控制变量，*EVADUM*和*PERIOD*交乘项系数并不显著，其调整后的R^2和模型（2）加入控制变量之后差别较大，由0.040增长到0.505，表明模型的解释度较好，设计较为合理；此外，模型（2）的*EVADUM*和*PERIOD*交乘项系数为0.639，并在1%的水平上显著，表明EVA考核可以明显促进研发投资绝对量。第（3）、（4）列是以研发投资强度作为因变量来检验EVA考核对国有企业研发投资影响的回归结果，*PERIOD*的系数由-0.276变为1.165，*EVADUM*的系数由-0.07变为0.2，这表明加入控制变量之后，时间虚拟变量（*PERIOD*）和个体虚拟变量（*EVADUM*）都有较明显的提升，并且模型（3）和模型（4）中两者交乘项均在1%水平上显著正相关，分别为0.738和0.751，模型（4）的R^2明显高于模型（3），即0.242>0.001，表明双重差分模型的解释度较高。以上结果都验证了假设1，即EVA考核显著促进了国有企业的研发投资。

控制变量方面，高管规模越大并且资产收益率越高的国有企业对研发活动的包容度越高，越愿意进行研发投资活动，股权集中度对企业研发投资的影响并不显著，公司上市时间越久，企业对研发投资的意愿可能越弱，进一步研发投资越少；公司规模与企业研发投资呈正相关关系，却与研发强度呈负相关关系。

5.3.4　多元回归结果分析

表5-6和表5-7分别是管理者特征对研发投资绝对量（$LNRD$）和研发投资强度（$RDIN$）影响的回归结果。由表5-6和表5-7可知，年龄的系数是0.019并且通过了1%的显著性水平，表明管理者年龄正向影响国有企业的研发投资绝对量，但年龄与研发强度的影响关系并不显著；管理者学历对研发投资绝对量（$LNRD$）和研发投资强度（$RDIN$）的系数分别为0.267和0.385，均在1%的水平上显著，说明学历能够正向影响国有企业的研发投资绝对值和研发强度，证实了学历可以促进企业研发投资的发展。

表5-6　管理者特征与研发投资回归结果

	$LNRD$					
AGE	0.019*** (2.71)					
ADU		0.267*** (7.51)				
TENURE			0.001 (1.06)			
GENDER				0.860*** (4.21)		
MAJOR					0.169** (2.11)	
WORK						1.112*** (8.55)
GQHHI	0.001 (0.67)	0.000 (0.05)	0.002 (1.17)	0.001 (0.95)	0.002 (1.38)	0.001 (0.41)
GSIZE	0.047*** (5.98)	0.046*** (5.81)	0.047*** (5.99)	0.044*** (5.62)	0.056*** (5.93)	0.037*** (4.62)

续表

	LNRD					
ROA	1.423***	1.458***	1.380***	1.458***	2.068***	1.298***
	(5.77)	(5.75)	(5.56)	(5.91)	(6.69)	(5.30)
FIRMAGE	−0.037***	−0.036***	−0.034***	−0.037***	−0.035***	−0.028***
	(−9.51)	(−9.42)	(−9.13)	(−9.71)	(−7.43)	(−7.32)
SIZE	0.818***	0.829***	0.828***	0.819***	0.837***	0.845***
	(42.59)	(43.46)	(44.14)	(43.42)	(36.52)	(45.23)
	控制年度和行业					
_cons	−3.239***	−3.360***	−2.620***	−3.093***	−2.327***	−2.993***
	(−6.40)	(−7.40)	(−5.85)	(−6.69)	(−4.19)	(−6.71)
R²	0.499	0.511	0.498	0.500	0.534	0.507
F	127.253	129.852	126.835	127.943	90.075	131.656
N	3913	3913	3913	3913	3913	3913

注：***、**和*分别表示在 1%、5%和 10%的水平上显著。

表 5-7　管理者特征与研发强度的回归结果

	RDIN					
AGE	−0.006					
	(−0.61)					
ADU		0.385***				
		(7.69)				
TENURE			0.004**			
			(2.16)			
GENDER				1.356***		
				(4.71)		
MAJOR					0.268**	
					(2.27)	
WORK						1.130***
						(6.14)
GQHHI	0.000	−0.002	0.001	−0.000	−0.001	−0.001
	(0.20)	(−1.05)	(0.28)	(−0.06)	(−0.30)	(−0.38)

续表

	RDIN					
GSIZE	0.093***	0.095***	0.093***	0.088***	0.116***	0.082***
	(8.36)	(8.43)	(8.33)	(7.93)	(8.43)	(7.31)
ROA	2.452***	2.741***	2.383***	2.539***	3.450***	2.347***
	(7.04)	(7.65)	(6.81)	(7.31)	(7.61)	(6.77)
FIRMAGE	−0.019***	−0.022***	−0.020***	−0.024***	−0.015**	−0.013**
	(−3.53)	(−4.11)	(−3.73)	(−4.44)	(−2.15)	(−2.45)
SIZE	−0.179***	−0.189***	−0.183***	−0.198***	−0.201***	−0.165***
	(−6.60)	(−7.03)	(−6.93)	(−7.43)	(−5.97)	(−6.25)
控制年度和行业						
_cons	4.226***	3.050***	3.958***	3.242***	5.032***	3.621***
	(5.92)	(4.76)	(6.27)	(4.98)	(6.17)	(5.73)
R^2	0.233	0.239	0.234	0.237	0.245	0.240
F	39.531	39.608	39.719	40.486	26.280	41.165
N	3913	3913	3913	3913	3913	3913

注：***、**和*分别表示在1%、5%和10%的水平上显著。

管理者任期对研发投资绝对值并没有产生显著影响，但任期与研发投资强度的系数为0.004，通过了5%的显著性水平，表明管理者的任期越长越有利于国有企业研发投资的发展；对于管理者性别特征的研究，性别的系数分别为0.860和1.356，且均在1%的水平上显著，这一结果表明男性管理者无论是对研发投资绝对量还是研发投资强度都有明显的促进作用，进一步肯定了男性管理者对企业研发活动的重要性，而女性对研发投资的影响比较小，男性可能更擅长进行研发相关的管理活动；管理者的理工科学科背景的系数均为正数并且都较为显著，系数分别为0.169和0.268，说明理工背景的管理者更有利于企业的研发创新发展；最后，生产、研发和设计类职业背景的系数分别达到了1.112和1.130，管理者的职业背景都通过了1%的显著性水平，这表明从事过生产、研发和设计方面工作的管理者能推动国有企业研发投资的发展。除了年龄和任期两个管理者特征，其他管理者特征对研发投资的影响均得到了验证。

5.3.5　分组回归结果分析

为了检验 H5-7 至 H5-12，我们用年龄大小、学历高低、任期长短、性别、有无理工科背景和有无研发、设计、生产任一经历为划分标准，以此来检验每个特征对 EVA 考核和国有企业研发投资之间关系的调节效果。表 5-8 是管理者特征调节 EVA 考核与研发投资关系的分组回归结果。从表 5-8 可以看出，*EVADUM* 和 *PERIOD* 交互项系数在管理者年龄列分别为 0.350 和 0.511，没有产生显著的调节效果，因此 H5-7 并未得到验证；其次，高学历列的 *EVADUM* 和 *PERIOD* 交互项系数是 0.678 且通过了 5% 的置信水平，表明学历高的管理者比学历较低的管理者更能促进国有企业的研发投资，因此 H5-8 得到了验证。任期短的管理者相较于任期长的管理者更能促进 EVA 考核对研发强度的影响，H5-9 得到了验证；在性别的分组中，女性管理者对 EVA 考核和研发投资的关系调节效果更为明显，而男性管理者对两者关系调节较弱。这也体现了女性在研发决策中的重要性和主导程度，这与上文的 H5-10 相一致。理工科比其他学科的管理者明显促进了 EVA 考核与研发投资之间的关系，也通过了 5% 的置信水平，也验证了上文的 H5-11。另外，凡是有过设计类、研发类和生产类的职业经历的管理者，比没有此类研发经历的管理者调节 EVA 考核和研发投资关系的效果好，有过此类工作经历的管理者在面对长期的研发活动中，会更从容应对和得到更好的研发结果，也更有利于国有企业的创新发展，进一步验证了 H5-12。

表5-8 管理者特征分组回归结果

	年长	年轻	高学历	低学历	任期长	任期短	男性	女性	理工科	其他学科	有职业背景	无职业背景
	研发投资强度											
PERIOD	1.242***	0.878***	1.374***	0.858***	1.368***	0.751***	1.078***	1.294***	1.193***	0.787***	0.954***	1.087***
	(4.74)	(3.49)	(5.43)	(3.72)	(5.26)	(3.30)	(4.20)	(5.30)	(5.56)	(2.65)	(4.01)	(4.27)
EVADUM	0.046	0.274***	-0.110	0.170**	0.019	0.252***	0.037	0.156*	0.032	0.251**	0.055	0.081
	(0.68)	(2.60)	(-1.37)	(2.11)	(0.21)	(3.45)	(0.49)	(1.73)	(0.46)	(2.47)	(0.67)	(1.04)
EVADUM× PERIOD	0.350	0.511	0.678**	0.190	0.141	0.873***	0.028	1.135***	0.513**	0.083	0.814***	-0.038
	(1.27)	(1.21)	(2.30)	(0.60)	(0.41)	(3.26)	(0.09)	(3.40)	(2.04)	(0.18)	(2.75)	(-0.12)
GQHHI	0.008***	-0.010***	0.002	-0.002	-0.001	-0.001	0.000	-0.003	-0.002	0.001	-0.004**	0.003
	(4.37)	(-4.57)	(1.05)	(-1.04)	(-0.31)	(-0.51)	(0.14)	(-1.40)	(-0.92)	(0.45)	(-2.11)	(1.25)
GSIZE	0.079***	0.169***	0.140***	0.090***	0.154***	0.070***	0.103***	0.134***	0.115***	0.120***	0.112***	0.104***
	(8.22)	(13.19)	(11.99)	(8.53)	(13.50)	(6.37)	(10.11)	(10.35)	(11.69)	(8.86)	(9.98)	(9.19)
ROA	2.388***	2.484***	3.078***	1.947***	5.428***	1.316***	2.033***	3.012***	2.706***	2.184***	3.925***	1.667***
	(6.29)	(8.23)	(7.68)	(7.34)	(11.68)	(5.12)	(6.27)	(9.04)	(9.11)	(6.04)	(9.70)	(6.06)
FIRMAGE	-0.024***	-0.008	-0.031***	-0.011	-0.018***	-0.025***	-0.012*	-0.030***	-0.022***	-0.021***	-0.006	-0.018***
	(-4.36)	(-1.04)	(-4.71)	(-1.84)	(-2.82)	(-3.99)	(-1.97)	(-4.60)	(-3.69)	(-3.07)	(-0.79)	(-3.13)
SIZE	-0.203***	-0.244***	-0.267***	-0.208***	-0.232***	-0.225***	-0.182***	-0.274***	-0.207***	-0.261***	-0.191***	-0.230***
	(-8.28)	(-7.01)	(-9.07)	(-7.38)	(-7.57)	(-8.43)	(-6.79)	(-8.50)	(-8.20)	(-7.46)	(-6.36)	(-8.34)
	控制年度和行业											
_cons	4.133***	5.561***	5.408***	4.895***	4.342***	5.622***	3.995***	5.846***	4.271***	6.120***	4.188***	4.933***
	(7.33)	(7.08)	(8.02)	(7.84)	(6.31)	(9.37)	(6.40)	(8.32)	(7.31)	(8.02)	(6.21)	(7.87)
R^2	0.240	0.287	0.318	0.204	0.299	0.254	0.264	0.276	0.275	0.242	0.223	0.299
F	36.151	48.883	55.679	31.040	50.944	39.671	41.885	45.377	62.593	24.897	38.504	45.545
N	2287	1626	2214	1699	2139	1774	2343	1570	1077	2836	2006	1907

5.3.6　稳健性检验

本书为了增加实证研究结果的可靠性和准确度，对上述实证分析部分的研究结论进行稳健性检验。通过参考大量研究发现，学者们通常通过调整样本数据的分类方法和标准或用其他相似变量替换现有变量进行研究，这也是目前稳健性检验中最常用的方法。除此之外，用其他研究方法或方式进行研究也较为普遍。

本书在稳健性检验中，将控制变量中的 *ROA*（资产收益率）换成 *LEV*（资产负债率）作为稳健性检验模型中的控制变量，其他变量（包括自变量、调节变量和因变量）保持不变。由于 EVA 考核文件是在 2010 年出台的，国有企业对此考核进行的调整可能存在一定的滞后性。因此，本书将删去 2010 年的观测值来进行稳健性检验双重差分的回归检验。由表 5-9 可得，模型（3）中，*EVADUM* 和 *PERIOD* 的交互项系数为 0.754，且在 5% 的置信水平上显著；模型（4）中，*EVADUM* 和 *PERIOD* 的交互项系数为 0.908，且在 1% 的置信水平上显著，与原样本值差距较小。由表 5-9 可知，各分组回归结果与前文方向一致且差距较小。因此，前文的结果均通过了稳健性检验，并且管理者特征对研发投资的影响研究和管理者特征的调节效应研究的稳健性结果与原有的研究结果基本一致（见表 5-10~表 5-12），这表明本书的研究结论有较高的可靠性。

表 5-9　EVA 考核与研发投资检验结果

	（1）	（2）	（3）	（4）
	LNRD	*LNRD*	*RDIN*	*RDIN*
PERIOD	1.172***	0.938***	-0.287*	0.936***
	（9.07）	（5.51）	（-1.91）	（3.89）

续表

	（1）	（2）	（3）	（4）
	LNRD	*LNRD*	*RDIN*	*RDIN*
EVADUM	0.440***	0.093*	−0.056	0.137**
	（7.83）	（1.91）	（−0.85）	（1.98）
EVADUM × PERIOD	0.225	0.731***	0.754**	0.908***
	（0.89）	（3.99）	（2.56）	（3.50）
GQHHI		0.000		−0.001
		（0.25）		（−0.59）
GSIZE		0.046***		0.093***
		（5.85）		（8.31）
LEV		−0.805***		−0.957***
		（−6.59）		（−5.53）
FIRMAGE		−0.039***		−0.027***
		（−9.11）		（−4.43）
SIZE		0.892***		0.105***
		（43.57）		（−3.62）
控制年度和行业				
_cons	16.775***	−3.374***	2.493***	3.103***
	（129.74）	（−7.25）	（16.57）	（4.71）
R^2	0.041	0.503	0.001	0.233
F	54.902	125.023	2.758	38.346
N	3807	3807	3807	3807

注：***、**、*分别表示在1%、5%和10%的水平上显著。

表5-10 管理者特征与研发投资检验结果

	LNRD				
AGE	0.017**				
	（2.42）				
ADU		0.253***			
		（7.24）			

	LNRD					
TENURE			0.002			
			(1.29)			
GENDER				0.775 ***		
				−3.86		
MAJOR					0.160 **	
					−2.02	
WORK						1.067 ***
						−8.36
GQHHI	0.001	0.000	0.002	0.002	0.003	0.001
	(0.88)	(0.30)	(1.34)	−1.13	−1.61	−0.57
GSIZE	0.048 ***	0.047 ***	0.048 ***	0.045 ***	0.055 ***	0.037 ***
	(6.28)	(6.09)	(6.26)	−5.96	−6.1	−4.89
LEV	−0.782 ***	−0.703 ***	−0.790 ***	−0.788 ***	−0.454 ***	−0.703 ***
	(−6.53)	(−5.77)	(−6.59)	(−6.59)	(−3.03)	(−5.90)
FIRMAGE	−0.034 ***	−0.034 ***	−0.033 ***	−0.035 ***	−0.034 ***	−0.026 ***
	(−9.03)	(−9.06)	(−8.71)	(−9.22)	(−7.27)	(−6.98)
SIZE	0.873 ***	0.877 ***	0.883 ***	0.875 ***	0.872 ***	0.893 ***
	(42.41)	(42.64)	(43.87)	−43.28	−35.08	−44.74
控制年度和行业						
_ cons	−3.903 ***	−3.979 ***	−3.380 ***	−3.804 ***	−2.724 ***	−3.652 ***
	(−7.67)	(−8.59)	(−7.38)	(−8.08)	(−4.77)	(−8.03)
R^2	0.503	0.514	0.503	0.505	0.528	0.512
F	128.971	130.668	128.695	129.564	87.256	133.153
N	3807	3807	3807	3807	3807	3807

注：*** 、** 、* 分别表示在 1%、5% 和 10% 的水平上显著。

表 5-11　管理者特征对研发强度的稳健性检验

	RDIN					
AGE	−0.008					
	(−0.84)					

续表

			RDIN			
ADU		0.375*** (7.53)				
TENURE			0.004** (2.36)			
GENDER				1.224*** (4.29)		
MAJOR					0.262** (2.23)	
WORK						1.110*** (6.08)
GQHHI	0.001 (0.56)	−0.001 (−0.57)	0.001 (0.62)	0.001 (0.31)	−0.000 (−0.02)	−0.000 (−0.05)
GSIZE	0.093*** (8.60)	0.095*** (8.65)	0.093*** (8.57)	0.089*** (8.26)	0.113*** (8.39)	0.082*** (7.54)
LEV	−0.939*** (−5.50)	−0.815*** (−4.68)	−0.913*** (−5.35)	−0.919*** (−5.40)	−0.804*** (−3.62)	−0.835*** (−4.90)
FIRMAGE	−0.017*** (−3.19)	−0.021*** (−3.88)	−0.018*** (−3.45)	−0.022*** (−4.08)	−0.013* (−1.94)	−0.012** (−2.20)
SIZE	0.116*** (−3.96)	−0.135*** (−4.61)	−0.124*** (−4.33)	−0.136*** (−4.72)	−0.141*** (−3.83)	−0.112*** (−3.91)
控制年度和行业						
_cons	3.478*** (4.80)	2.384*** (3.61)	3.165*** (4.86)	2.514*** (3.75)	4.327*** (5.11)	2.910*** (4.48)
R^2	0.233	0.235	0.234	0.236	0.237	0.240
F	39.275	38.614	39.482	40.024	24.886	40.811
N	3807	3807	3807	3807	3807	3807

注：***、**、*分别表示在1%、5%和10%的水平上显著。

表 5-12　管理者特征对研发投资强度的分组回归稳健性检验

研发投资强度

	年长	年轻	高学历	低学历	任期长	任期短	男性	女性	理工科	其他学科	有职业经历	无职业经历
PERIOD	1.149*** (4.37)	0.568** (2.24)	1.130*** (-4.43)	0.691*** (-2.98)	1.130*** (4.24)	0.562** (2.49)	1.070*** (-4.16)	1.256*** (-5.18)	0.961*** (-4.45)	0.619*** (-2.08)	0.687*** (-2.86)	0.932*** (-3.65)
EVADUM	0.016 (0.24)	0.241** (2.25)	-0.175** (-2.16)	0.146* (-1.8)	-0.106 (-1.17)	0.242*** (3.33)	0.025 (-0.33)	0.167* (-1.84)	-0.02 (-0.29)	0.228** (-2.22)	-0.013 (-0.16)	0.054 (-0.69)
EVADUM × PERIOD	0.438 (1.60)	0.658 (1.55)	0.871*** (-2.96)	0.281 (-0.89)	0.358 (1.01)	0.981*** (3.71)	0.039 (-0.13)	1.180*** (-3.56)	0.645** (-2.57)	0.246 (-0.54)	0.986*** (-3.31)	0.053 (-0.17)
GQHHI	0.009*** (4.93)	-0.009*** (-4.06)	0.004 (-1.59)	-0.001 (-0.68)	0.002 (0.90)	-0.001 (-0.61)	0.001 (-0.37)	-0.003 (-1.64)	0 (-0.17)	0.001 (-0.56)	-0.003 (-1.40)	0.003 (-1.42)
GSIZE	0.085*** (8.66)	0.170*** (13.06)	0.149*** (-12.3)	0.091*** (-8.63)	0.170*** (14.21)	0.067*** (6.10)	0.109*** (-10.29)	0.131*** (-10.05)	0.121*** (-11.96)	0.120*** (-8.79)	0.121*** (-10.44)	0.104*** (-9.12)
LEV	-0.517*** (-3.26)	-0.996*** (-5.67)	-0.950*** (-4.91)	-0.602*** (-4.18)	-0.742*** (-3.91)	-0.795*** (-5.32)	1.895*** (5.78)	2.753*** (8.24)	-0.912*** (-6.09)	-0.607*** (-3.12)	-0.740*** (-4.18)	-0.785*** (-4.91)
FIRMAGE	-0.021*** (-3.80)	-0.002 (-0.24)	-0.025*** (-3.68)	-0.008 (-1.27)	-0.014** (-2.05)	-0.021*** (-3.42)	-0.012* (-1.86)	-0.031*** (-4.67)	-0.016*** (-2.65)	-0.018*** (-2.60)	0 (-0.02)	-0.014** (-2.45)
SIZE	-0.162*** (-5.90)	-0.107*** (-2.84)	-0.180*** (-5.49)	-0.131*** (-4.25)	-0.149*** (-4.30)	-0.137*** (-4.72)	-0.177*** (-6.50)	-0.249*** (-7.64)	-0.118*** (-4.22)	-0.183*** (-4.75)	-0.107*** (-3.20)	-0.152*** (-5.05)
_cons	3.487*** (5.81)	3.103*** (3.76)	3.924*** (-5.5)	3.575*** (-5.41)	3.036*** (4.10)	4.086*** (6.50)	3.824*** (-6.04)	5.326*** (-7.53)	2.650*** (-4.28)	4.848*** (-6)	2.846*** (-3.95)	3.561*** (-5.42)
R²	0.234	0.281	0.312	0.196	0.281	0.248	0.263	0.271	0.268	0.234	0.206	0.3
F	36.288	48.324	54.069	30.368	48.440	39.184	42.965	45.486	60.068	24.657	35.571	47.495
N	2251	1556	2167	1640	2133	1674	2270	1537	1050	2757	1939	1868

控制年度和行业

5.4 本章小结

本章根据高层梯队理论、委托代理理论、技术创新理论，以 2008～2019 年中央企业和民营企业面板数据作为研究样本，对 EVA 考核、管理者特征与国有企业研发投资之间的关系进行实证研究和分析，分别从年龄、学历、任期、性别、学科背景和职业背景六个方面检验了不同的管理者特征对 EVA 考核与国有企业研发投资的关系产生不同的调节效果。为了避免可能出现由现有文献因控制组选择不当、时间趋势效应带来的内生性问题，本书运用双重差分模型，分别以研发投资绝对量（$LNRD$）、研发投资强度（$RDIN$）作为因变量，以个体虚拟变量（$EVADUM$）、时间虚拟变量（$PERIOD$）以及二者交乘项（$EVADUM×PERIOD$）作为自变量，以此来验证 EVA 考核制度的实施是否对研发投资产生影响。

主要研究结论如下：①EVA 考核对国有企业研发投资产生正向影响。这也就意味着 EVA 考核制度使国有企业管理者更关注会实现价值创造的研发项目，从而投入更多的资金增加研发投资。同时 EVA 考核不提倡将一项研发支出视为企业的"费用"，而应将其视为企业的"资产"，这在一定程度上缓解了企业的委托代理问题，进而促进了国有企业研发创新的发展。②管理者特征对研发投资产生不同的影响：管理者任期、学历、性别、学科背景和职业背景对研发强度产生了较为显著的促进作用，不能判断管理者年长或年轻对国有企业研发强度产生影响。③管理者特征对 EVA 考核与研发投资之间的关系有不同的调节效果。通过实证研究分析发现，除了年龄特征，其他管理者特征对研发投资的影响均得到了验证。高学历管理者往往会比较低学历者更能促进

EVA 考核对国有企业研发投资的影响；任期短的管理者相较于任期长的管理者更能促进 EVA 考核对研发强度的影响；女性管理者对 EVA 考核和研发投资之间的关系调节效果更为显著；理工科出身的管理者产生的调节效果比非理工科背景的管理者更为显著；管理者的职业背景也能对 EVA 考核与研发投资的关系产生正向的促进作用，从事过生产、研发和设计方面的工作的管理者更能推动国有企业研发投资的发展。

第6章 EVA考核、管理层激励与国有企业研发投资关系的实证研究

6.1 理论分析与研究假设

6.1.1 薪酬激励对企业研发投资的影响

由委托代理理论可知，管理者追求的是稳定的职位、高额的个人收益，而研发投资风险较高、前期投入较大、周期较长且收益具有滞后性，因此管理者往往为了规避风险，不愿进行研发投资，若想让管理者进行研发投资，采用必要的激励政策可以提高管理者进行研发投资的积极性。

薪酬激励通过提高高管个人薪资，满足了高管对高额个人收益的意愿，以此提升高管的工作积极性，从而为公司创造高额的收益，这也正与股东期望的企业高收益一致，即薪酬激励可以使股东与管理者的目标宏观上趋于一致，股

东满足了通过好的业绩为企业创造更多财富的意愿，管理者也得到了高额的个人收益。因此，薪酬激励可以促使高管为了实现个人利益最大化而促进企业加大研发投资，从而使企业的创新能力进一步提升；薪酬激励还可以填补研发投资项目高风险性特点给高管造成的短期利益亏损，从而促进企业加大创新投入[202]。管理层往往为了规避风险而拒绝高风险的研发投资，且有学者已经证实薪酬激励可以有效约束高管对风险的规避性，对调节管理者风险偏好与企业技术创新的关系起到一定的功用[203]。基于此，本书提出如下假设：

H6-1：薪酬激励与企业研发投资呈显著的正相关关系。

6.1.2　股权激励对企业研发投资的影响

研发投资风险虽大，但一旦成功，收益较大，股东往往看重高收益的特点，因此会比较青睐如研发投资这样的高风险投资项目，而管理者往往较为关注自身的利益，会因自身利益的最大化而拒绝加大企业研发投资，但企业的决策权往往掌握在高管手中，因此，股东为了提高管理者对研发投资的积极性，便会对管理者采用一定的激励政策，以期达到激励的功效。

股权激励就是一种有效的激励政策。股权激励使得企业中的高管能够对企业剩余的权益在一定程度上进行索取，以此将二者之间的利益长期地捆绑在一起，扭转高管规避例如研发投资这类高风险性投资项目的态度，让高管能始终站在股东的视角作决策，并能够每时每刻都为企业的长远利益思虑，从而愿意加大企业研发投资。基于此，本书提出如下假设：

H6-2：股权激励与企业研发投资呈显著的正相关关系。

6.1.3　不同薪酬激励强度下 EVA 考核对企业研发投资的影响

EVA 考核与高管的薪酬激励政策都可以在一定程度上缓和股东与管理者之间目标不一致的问题，使得股东与管理者的利益趋同，以较高的薪酬激励对研发投资给高管带来的短期利益损失进行同期添补。在这样的条件下，高管会最大限度地考虑企业的长久利益，减少了高管的短视行为。

在 2010 年引入 EVA 考核指标之后，对研发支出项作出调整，削减了企业研发投资对本期利润的不利作用。但需要考虑的是，新机制的引入可能会与旧机制相互之间产生影响，在不同的激励强度下，EVA 考核与研发投资之间的关系可能会产生不同的结果，不同机制间的正向影响可能会导致在高的薪酬激励强度下，EVA 考核对企业增大研发投资量的正向影响在一定程度上得到加强。因此，从上述条件来看，研究二者之间的关系势在必行，基于薪酬激励政策与 EVA 考核对企业研发投资高的监督作用和有效的实施效果，提出如下假设：

H6-3：薪酬激励强度越高，EVA 考核对研发投资的促进作用更加显著。

6.1.4 不同股权激励强度下 EVA 考核对企业研发投资的影响

EVA 考核与高管的股权激励政策对缓和委托代理问题具有一定改善作用，使得二者的利益长期地捆绑在一起，使二者利益趋同的目标得以实现，起到有效的监督作用。跟随激励强度的变动，股东与管理者的利益趋同程度也会产生变动，即当实施股权激励的强度越大时，股东与管理者的利益趋同性就会更加突出，股东对管理层的监管效力也就越大，这时管理者就会更加关注企业的长远利益，反之亦反。

2010 年 EVA 考核的引入之后有效地促进了企业的研发投资。鉴于不同的激励机制之间会相互影响，本书认为高管股权激励强度可能会进一步加强EVA 考核对企业研发投资的促进作用，基于此，提出如下假设：

H6-4：股权激励强度越大，EVA 考核对研发投资的促进作用更加显著。

6.2　样本选择与模型设定

EVA 考核实施对象为全部中央企业，由于 2007 年会计准则发生了新变化，故本书选取 2007~2019 年共 13 个年度区间沪深 A 股上市的中央企业作为研究样本，为了避免时间趋势因素带来的影响，一并选取该年度区间中民营企业（默认未实施 EVA）作为对照组，构建双重差分模型。其中，有关股权激励强度的数据来自 CSMAR 数据库，其余变量的数据均来自 WIND 数据库。根据本书具体研究的需要，对数据进行了如下处理：

（1）因 ST 公司和 * ST 公司经营可能存在异常，故剔除其所有的观测值。

（2）因金融行业与其他行业之间的差别较大，因此剔除该行业的全部观测值。

（3）剔除在当年上市的企业观测值。

（4）剔除数据异常值和缺失值。

最后经由上述处理，共得到有效观测值 3058 个。本书对数据进行了 1% 和 99% 的缩尾处理以消除极端值影响，在 Excel 中完成数据的预先处理，其余详细分析在 Stata15.0 软件中完成。

6.2.1　变量的选取

6.2.1.1　被解释变量

本书选择研发投资绝对量和相对量同时作为被解释变量，以此来增强结果的可信程度。经过对有关文献的梳理得出，权衡企业研发投资变量的方式各不相同，有学者用研发人员数量的多少来权衡、有学者用对研发投资金额取对数来权衡，这些衡量方式都为研发投资的绝对量指标；还有学者通过研发支出投入费用与企业总资产之比来权衡，这是研发投资的相对量指标。本书选取的绝对量指标是对研发投资的值取自然对数，符号表示为 RD，相对量指标本书参照张兆国等（2014）选取的是研发支出/总资产的衡量方法[204]，符号表示为RDIN。

6.2.1.2　解释变量

（1）EVA 考核。本书设置 EVADUM 和 PERIOD 两个虚拟变量，用 EVAD-UM 表示企业是否实施 EVA，本书默认中央企业均实施 EVA，即中央企业取1，民营企业取 0，用 PERIOD 表示实施 EVA 的企业是否在实施期间，即 2010年及之后年份取 1，2010 年之前取 0；用 EVADUM×PERIOD 的交互项表示国有企业正在实施 EVA。

（2）高管薪酬激励。有关高管薪酬激励的衡量指标，本书主要参照梁彤缨等（2015）、肖星和陈婵（2013）的做法[205-206]，将公司年报中所报告的高管薪酬总数取对数后作为权衡标准，用符号 SI 表示。

（3）高管股权激励。有关高管股权激励的衡量指标，各学者的做法不一，有些学者将高管股权激励的衡量指标设置为虚拟变量，用 0 或 1 表示；还有学者将高管手中所持有的股票数量的比重作为高管股权激励的权衡标准；但大多数学者采用高管手中所拥有的所有股票的数量占公司全部股票数量的比值来作为高管股权激励的权衡标准，例如胡艳和马连福（2015）、程翠凤（2018）[207-208]。本书也参照采取大多数学者的办法，用高管手中拥有的股票总数与公司全部股票数量之比作为权衡高管股权激励强度的标准，用符号 EI 表示。

6.2.1.3　控制变量

（1）托宾 Q 值。托宾 Q 值是指用企业自身的实际市场价值比企业的资产重置成本，其比值越大，在一定程度上表明企业的价值越高，托宾 Q 值对企业的成长性也有一定的权衡，当托宾 Q 值越大，证明企业的成长性越好。当企业具备相当不错的成长性时，就代表企业没有资金压力，可能会对研发投资具有促进作用。因此，本书选择托宾 Q 值当作第一个控制变量，用符号 To-binQ 表示。

表 6-1　变量定义与说明

变量类型	变量名称	变量符号	变量说明
被解释变量	研发投资	RD	Ln（研发支出）
		RDIN	研发支出/总资产
解释变量	EVA 考核	EVADUM	实施 EVA 赋值为 1，否则为 0
	EVA 考核实施期间	PERIOD	2010 年之前为 0，2010 年之后为 1
	高管薪酬激励	SI	Ln（高管薪酬总额）
	高管股权激励	EI	高管持股量/公司总股数
控制变量	托宾 Q 值	TobinQ	公司市场价值/资产重置成本
	净资产收益率	ROE	净利润/平均股东权益
	公司规模	SIZE	Ln（企业总资产）
	股权集中度	GQhhi	第一大股东持股比例
	资产负债率	LEV	负债总额/资产总额
	年度虚拟变量	YEAR	选取 2007~2019 年 13 个年度，12 个虚拟变量
	行业虚拟变量	IND	按照证监会行业分类分为 15 个大类，14 个虚拟变量

数据来源：作者整理。

（2）净资产收益率。净资产收益率指用企业的净利润比企业的平均股东权益，可以在一定程度上反映企业某一时间段的具体收益水平，其比值越高表明企业进行投资获取的收益越大。例如，企业投入了一定的成本进行研发投资，后期的收益也十分可观，这时企业很可能会继续加大研发投资，以获取更高的收益。因此，本书将其当作第二个控制变量，用符号 ROE 表示。

（3）公司规模。公司规模越大，其所拥有的资源越多，但相较于规模较小的企业反而更不愿加大研发投资[209-210]，公司资产的规模是影响企业进行研发投资的关键因素[211]。因此，本书选择公司规模作为第三个控制变量，对企业总资产取自然对数，作为权衡标准，用符号 SIZE 表示。

（4）股权集中度。股权集中度可以反映企业稳定性的强弱，可以将企业治理的具体结构反映出来，当股权集中度呈比较高的态势时，大股东可能会通过采取加大研发投资项目的投资，从而获得高昂的收益。股权集中度有许多种权衡方式，有学者采用企业中前几名股东所持有股票的权重来衡量，本书参照大多数学者的做法，使用第一大股东所持有的股票权重当作股权集中度的权衡标准，作为本书的第四个控制变量，用符号 GQhhi 表示。

（5）资产负债率。资产负债率指负债的总数与资产的总数之比，企业的偿债能力可以通过该指标得到反映，企业若想使研发投资项目顺利进行，就必须投入大量人财物，一旦企业内部的资金不能满足投资的需要，就需要进行外部的债务融资，如果企业的资产负债率太高，就可能没有办法进行债务融资，从而影响企业进行研发投资。因此，本书选择资产负债率当作第五个控制变量，用符号 LEV 表示。在稳健性检验中将净资产收益率（ROE）用资产负债率（LEV）代替进行检验。

（6）年度虚拟。本书所选取的样本区间一共包含 13 个年度，为防止受到年份影响，本书共设置了 12 个年度虚拟变量，用符号 YEAR 表示。

（7）行业虚拟。不同行业对研发投资的影响也各不相同，本书依照具体行业的不同分类，将样本划分为 15 个类别，共设置了 14 个虚拟变量，用符号 IND 表示。

6.2.2 模型的设定

为验证假设 6-1，构建如下的多元线性回归模型（1），见式（6-1）：

$$RD_{i,t}/RDIN_{i,t} = \alpha_0 + \alpha_1 SI_{i,t} + \alpha_2 TobinQ_{i,t} + \alpha_3 ROE_{i,t} + \alpha_4 SIZE_{i,t} + \alpha_5 GQhhi_{i,t} +$$

$$\alpha_6 YEAR_{i,t} + \alpha_7 IND_{i,t} + \varepsilon_{i,t} \tag{6-1}$$

为验证假设 6-2，构建如下的多元线性回归模型（2），见式（6-2）：

$$RD_{i,t}/RDIN_{i,t} = \gamma_0 + \gamma_1 EI_{i,t} + \gamma_2 TobinQ_{i,t} + \gamma_3 ROE_{i,t} + \gamma_4 SIZE_{i,t} + \gamma_5 GQhhi_{i,t} +$$

$$\gamma_6 YEAR_{i,t} + \gamma_7 IND_{i,t} + \varepsilon_{i,t} \tag{6-2}$$

为验证假设 6-3 和假设 6-4，构建模型（3），见式（6-3）：

$$RD_{i,t}/RDIN_{i,t} = \theta_0 + \theta_1 EVADUM_{i,t} + \theta_2 PERIOD_{i,t} + \theta_3 EVADUM_{i,t} \times PERIOD_{i,t} +$$

$$\theta_4 TobinQ_{i,t} + \theta_5 ROE_{i,t} + \theta_6 SIZE_{i,t} + \theta_7 GQhhi_{i,t} + \theta_8 YEAR_{i,t、} +$$

$$\theta_9 IND_{i,t} + \varepsilon_{i,t} \tag{6-3}$$

6.3　实证结果与分析

6.3.1　描述性统计

表 6-2 是对全样本进行的描述性统计，研发投资的绝对量（RD）和研发投资的相对量（RDIN）的均值分别为 17.834 和 0.026，研发投资绝对量（RD）的最大值与最小值相差 6.531，研发投资相对量（RDIN）的最大值与最小值相差近 0.095，可以看出各个企业之间研发投资相差甚远，说明很多企业并不重视企业的研发创新；薪酬激励（SI）的最大值为 16.863，最小值为 13.810，可以看出样本企业的薪酬激励的强度相差不是很大，而股权激励（EI）的最大值为 0.679，最小值只有 0，可以得出样本企业的股权激励强度的差距比较大。

表 6-2　全样本描述性统计

变量名称	样本总数	均值	标准差	最小值	最大值
RD	3058	17.834	1.216	14.562	21.093
RDIN	3058	0.026	0.018	0.001	0.096
SI	3058	15.260	0.629	13.810	16.863
EI	3058	0.207	0.181	0.000	0.679
TobinQ	3058	2.223	1.260	0.944	7.941
ROE	3058	8.208	8.920	−31.574	33.941
SIZE	3058	21.768	0.923	19.961	24.360
GQhhi	3058	33.501	13.741	9.030	70.220

数据来源：通过 Stata15.0 计算得出。

在控制变量方面，净资产收益率（ROE）的最大值为 33.941，最小值仅有 −31.574，证明样本中各个企业的盈利能力有很大不同；公司规模（SIZE）的标准差为 0.923，表明样本中所有企业的规模相差并不是很大；股权集中度（GQhhi）的最大值为 70.220，最小值仅为 9.030，证明我国企业的股权结构具有很大的差异；托宾 Q 值相差也较悬殊，表明各个企业的成长性也具有很大的不同。

6.3.2　相关性分析

本书通过相关性分析的检验，表明了各个变量之间的关系是怎样的，也同时确保了选择的所有变量均具有一定的合理性。由表 6-3 可以得出，PERIOD（2010 年之后取 1，2010 年之前取 0）和 EVADUM（实施 EVA 取 1，否则取 0）与研发投资绝对值（RD）和研发投资相对值（RDIN）都在 1% 的置信水平上呈显著的正相关关系，证明企业在实施 EVA 考核以后会较未实施 EVA 考核之前增加研发投资，且中央企业较民营企业而言更具有优势，则假设 1 初步得到验证；薪酬激励（SI）与研发投资绝对值（RD）和研发投资相对值

（RDIN）均在 1% 的置信水平上呈十分显著的正相关关系，这也可以很好地说明薪酬激励对企业加大研发投资量具有很大的帮助，因此假设 2 初步获得有效验证；股权激励（EI）与研发投资绝对值（RD）和研发投资相对值（RDIN）的相关系数分别为 0.009 和 0.008，并未表现出较强的显著性，其对研发投资是否具有促进作用需借助模型再次检验。

表 6-3　Pearson 相关系数检验

	RD	RDIN	PERIOD	EVADUM	SI	EI	TOBINQ	ROE	SIZE	GQHHI
RD	1									
RDIN	0.577***	1								
PERIOD	0.318***	0.066***	1							
EVADUM	0.106***	0.088***	-0.109***	1						
SI	0.560***	0.241***	0.266***	0.089***	1					
EI	0.009	0.008	-0.310***	0.376***	0.009	1				
TobinQ	0.083***	0.213***	0.007	0.029	-0.044**	0.068***	1			
ROE	0.133***	0.166***	-0.127***	0.035*	0.127***	0.123***	0.228***	1		
SIZE	0.718***	-0.007	0.274***	0.138***	0.557***	0.065***	-0.263***	0.063***	1	
GQhhi	0.010	-0.042**	-0.049***	0.207***	-0.080***	-0.018	0.003	0.138***	0.048***	1

注：***、**、* 分别表示在 1%、5%、10% 的水平上显著。

数据来源：通过 Stata15.0 计算得出。

在控制变量方面，研发投资绝对值（RD）与净资产收益率（ROE）在 1% 的置信水平上呈显著的正相关关系，与托宾 Q 值（TobinQ）也呈显著正相关关系，因此可以说明成长性和盈利能力比较好的企业可能会在一定程度上提高企业研发投资的绝对值，与股权集中度（GQhhi）相关但不显著；研发投资相对值（RDIN）与托宾 Q 值（TobinQ）和净资产收益率（ROE）呈显著正相关关系，也可以说明在企业成长能力较好、盈利能力较强时，可以促进企业加大研发投资的相对值，研发投资相对值（RDIN）与公司规模（SIZE）和股权集中度（GQhhi）呈负相关关系。为避免多重共线性，本书对所有变量之间均进行了方差膨胀因子检验，结果均不大于2，证明本书所有的研究结果均不受到多重共线影响。

6.3.3 回归结果及分析

6.3.3.1 双重差分回归结果分析

本书选取企业性质虚拟变量（EVADUM）和时间虚拟变量（PERIOD）两个变量及二者的交互项（EVADUM×PERIOD）一同作为解释变量，同时选取研发投资的绝对值（RD）和研发投资的相对值（RDIN）两种衡量研发投资的标准一同作为被解释变量，以加强结果的可信度，以此来检验 EVA 考核是否会促进企业研发投资，且为提升结果的稳健性，同时加入了年度和行业的虚拟变量。

由表6-4可知，表中（1）和（2）是研发投资绝对量指标（RD）作为因变量对 EVA 考核与企业研发投资之间的关系进行检验，（3）和（4）是研发投资相对量指标（RDIN）作为因变量对 EVA 考核与企业研发投资之间的关系进行检验，（1）和（3）中未加入控制变量进行回归，（2）和（4）中加入控制变量进行回归。

表6-4　EVA 考核与企业研发投资的回归结果

	（1）	（2）	（3）	（4）
	RD	RD	RDIN	RDIN
PERIOD	2.528***	1.415***	0.013***	0.020***
	(13.04)	(6.99)	(4.39)	(6.23)
EVADUM	0.177	−0.401***	−0.001	0.000
	(1.02)	(−2.06)	(−0.53)	(0.16)
EVADUM×PERIOD	0.620***	0.734***	0.010***	0.008***
	(3.35)	(3.67)	(3.35)	(2.76)

续表

	（1）	（2）	（3）	（4）
	RD	RD	RDIN	RDIN
TobinQ		0.045***		0.002***
		（3.19）		（5.67）
ROE		0.016***		0.000***
		（7.47）		（7.43）
SIZE		0.848***		-0.001*
		（31.63）		（-1.68）
GQhhi		-0.000		-0.000
		（-0.49）		（-1.34）
YEAR	控制	控制	控制	控制
IND	控制	控制	控制	控制
Constant	14.271***	-3.251***	-0.003	0.006
	（43.57）	（-5.12）	（-0.97）	（0.52）
Adj-R^2	0.316	0.615	0.126	0.180
F值	55.46	140.38	28.5	33.04
N	3058	3058	3058	3058

注：***、**、*分别表示在1%、5%、10%的水平上显著。

数据来源：通过Stata15.0计算得出。

通过对表6-4（1）和（2）进行对比可以发现，本书最关心也是最重要的EVADUM×PERIOD的交互项与研发投资绝对量指标（RD）均在1%的水平上显著正相关，无论是否加入控制变量，回归结果基本一致，系数分别为0.602和0.734；PERIOD的系数分别为2.528和1.415，均与企业研发投资绝对量在1%的置信水平上显著正相关，说明较EVA实施前加大了研发投资的绝对量。因此，可以证明EVA考核可以明显提高企业的研发投资的绝对量。通过对表6-4进行对比可以发现，EVADUM×PERIOD的交互项与研发投资相对量指标（RDIN）依然均在1%的水平上呈显著正相关关系，无论是否加入控制变量，回归结果基本一致；PERIOD的系数分别为0.013和0.020，均在1%的水平上显著正相关，说明较 EVA 实施前加大了研发投资的相对量。因此，可以证明 EVA 考核可以明显提高企业的研发投资的相对量。

在控制变量方面可以看出，托宾 Q 值均与绝对量（RD）和相对量（RDIN）均在 1% 的置信水平上显著正相关，证明公司的成长性越强，企业更加愿意进行研发投资；企业在净资产收益率较高时，无论对企业研发投资的绝对值还是相对值均具有显著的促进作用；规模较大的企业也会在一定程度上促进企业加大研发投资活动的绝对量，但并没有使研发投资的相对量得到一定的改善；股权集中度对企业加大研发投资的作用并没有产生显著结果。上述分析可以证明，EVA 考核的确可以使企业增大研发投资，即假设 1 得证。

6.3.3.2 多元回归结果分析

（1）薪酬激励与企业研发投资。表 6-5 是薪酬激励与企业研发投资的回归结果，依然同时选取研发投资绝对量指标（RD）和研发投资相对量指标（RDIN）作为被解释变量来加强结果的可信度，薪酬激励（SI）作为解释变量，同时控制年份和行业，来验证薪酬激励对企业研发投资的影响。

表 6-5　薪酬激励与企业研发投资的回归结果

	（1）	（2）	（3）	（4）
	RD	RD	RDIN	RDIN
SI	0.829***	0.317***	0.007***	0.008***
	(23.76)	(10.35)	(12.31)	(11.99)
TobinQ		0.043***		0.002***
		(3.10)		(5.84)
ROE		0.013***		0.000***
		(5.93)		(5.60)
SIZE		0.767***		-0.003***
		(25.29)		(-5.09)

续表

	（1）	（2）	（3）	（4）
	RD	RD	RDIN	RDIN
GQhhi		0.002		0.000
		(1.61)		(1.20)
YEAR	控制	控制	控制	控制
IND	控制	控制	控制	控制
Constant	2.361***	-6.367***	-0.109***	-0.073***
	(4.05)	(-9.75)	(-12.16)	(-6.21)
Adj-R^2	0.423	0.624	0.159	0.211
F 值	81.93	153.31	54.17	31.99
N	3058	3058	3058	3058

注：***、**、* 分别表示在 1%、5%、10% 的水平上显著。

数据来源：通过 Stata15.0 计算得出。

表 6-5 中（1）和（2）是以研发投资绝对量指标（RD）作为因变量，（3）和（4）是以研发投资相对量指标（RDIN）作为因变量对薪酬激励与研发投资之间的关系进行检验，（1）和（3）中未加入控制变量，（2）和（4）中加入控制变量再次进行回归检验。

将（1）和（2）进行对比可以发现，无论是否加入控制变量，薪酬激励（SI）与研发投资绝对量指标（RD）均在 1% 的置信水平上呈显著正相关关系，系数分别为 0.829 和 0.317，证明了高管薪酬激励能够有效帮助企业增大研发投资，即当对高管实行的薪酬激励强度越高时，企业会加大研发投资的量。将（3）和（4）进行对比可以发现，无论加入控制变量，薪酬激励（SI）与研发投资相对量指标（RDIN）均在 1% 的水平呈显著正相关关系，系数分别为 0.007 和 0.008，系数有所加大，且在加入了控制变量之后得到了有效地提升。因此，可以证明提高高管薪酬激励强度可以增加企业研发投资相对值。

在控制变量方面，托宾Q值与研发投资绝对量指标（RD）和研发投资相对量指标（RDIN）均在1%的水平上显著正相关，说明成长性较好的公司，高管更愿意加大研发投资；净资产收益率与研发投资绝对量指标（RD）和研发投资相对量指标（RDIN）也均显著正相关，证明企业收益较好时，企业会继续加大研发投资；公司规模较大的企业与研发投资绝对量指标（RD）的关系显著为正，与研发投资相对量指标（RDIN）显著为负；股权集中度对研发投资的作用并不显著。综合以上分析，能够表明薪酬激励可以加大企业的研发投资，因此假设2得证。

（2）股权激励与企业研发投资。表6-6是股权激励与企业研发投资的回归结果，将股权激励（EI）同时与研发投资绝对量指标（RD）和研发投资相对量指标（RDIN）进行回归，与上述模型一致。（1）和（2）是以研发投资绝对量指标（RD）作为因变量，（3）和（4）是以研发投资相对量指标（RDIN）作为因变量对股权激励与研发投资之间的关系进行检验，（1）和（3）中未加入控制变量，（2）和（4）中加入控制变量再次进行回归检验。

表6-6　股权激励与企业研发投资的回归结果

	（1） RD	（2） RD	（3） RDIN	（4） RDIN
EI	1.188*** (8.94)	0.227*** (2.41)	0.008*** (3.93)	0.006*** (2.69)
TobinQ		0.049*** (3.47)		0.002*** (5.91)
ROE		0.016*** (7.21)		0.000*** (7.08)
SIZE		0.854*** (30.06)		−0.001 (−1.01)

续表

	（1）RD	（2）RD	（3）RDIN	（4）RDIN
GQhhi		0.001		0.000
		(0.71)		(0.21)
YEAR	控制	控制	控制	控制
IND	控制	控制	控制	控制
Constant	13.888***	−3.666***	−0.007***	−0.005
	(41.38)	(−5.64)	(−2.17)	(−0.43)
Adj-R^2	0.306	0.608	0.113	0.167
F 值	55.92	143.27	74.10	28.73
N	3058	3058	3058	3058

注：***、**、*分别表示在1%、5%、10%的水平上显著。

数据来源：通过 Stata15.0 计算得出。

将（1）和（2）进行对比可以发现，无论是否加入控制变量，股权激励（EI）与研发投资的绝对量指标（RD）都在1%的水平上呈显著正相关关系，系数分别为1.188和0.227，证明在股权激励强度越高时，企业会加大研发投资的绝对值。将（3）和（4）进行对比可以发现，无论是否加入控制变量，股权激励（EI）与研发投资相对量指标（RDIN）都在1%的水平上呈显著正相关关系，系数分别为0.008和0.006，表明高的股权激励强度能够加大企业研发投资的相对值。

在控制变量方面，托宾 Q 值与研发投资绝对量指标（RD）和研发投资相对量指标（RDIN）均在1%的置信水平上显著正相关，证明在企业成长性较好时，企业会增大研发投资；净资产收益率也在一定的置信水平上与二者呈显著正相关关系，证明在企业收益较好时，企业会加大研发投资；当公司规模较大时，企业与研发投资的绝对量指标（RD）呈显著正相关关系，但与研发投资相对量指标（RDIN）呈负相关关系且不显著；股权集中度对研发投资的作用并不显著。综合以上分析，证明股权激励可以促进企业加大研发投资，因此假设 3 得证。

6.3.3.3 不同激励强度 EVA 考核对研发投资回归结果分析

从上述所有分析中可以得出，EVA 考核、薪酬激励和股权激励都可以在一定程度上增大企业的研发投资额，均具有很明显的促进作用，那么不同的激励机制之间是否会相互影响就需要进一步验证，高管激励强度的高低可能会导致 EVA 考核对企业研发投资的作用不同。在验证 H6-3 和 H6-4 时，本书参照梁上坤（2016）的做法[212]，将薪酬激励强度按照中位数 15.22 分成高薪酬激励组（高 SI 组）和低薪酬激励组（低 SI 组），在这样的条件下将 EVA 考核与研发投资绝对量指标（RD）、研发投资相对量指标（RDIN）分别进行回归检验，以验证在不同的薪酬激励强度下 EVA 考核与企业研发投资之间影响的变化；同样，股权激励强度也按照中位数 0.186 分成高股权激励组（高 EI 组）和低股权激励组（低 EI 组），在这样的条件下将 EVA 考核与研发投资绝对量指标（RD）、研发投资相对量指标（RDIN）分别进行回归检验，以验证在不同的股权激励强度下 EVA 考核与企业研发投资之间影响的变化。若高薪酬激励组（高 SI 组）和高股权激励组（高 EI 组）中 θ_3 的系数大于低薪酬激励组（低 SI 组）和低股权激励组（低 EI 组）中 θ_3 的系数，则假设 4 和假设 5 得证，在这样的条件下分别对 EVA 与研发投资的绝对量指标（RD）、研发投资的相对量指标（RDIN）的影响进行回归检验。

（1）高薪酬激励、低薪酬激励与企业研发投资的回归结果分析。表 6-7 是高 SI 组和低 SI 组中 EVA 考核与研发投资绝对量指标（RD）与研发投资相对量指标（RDIN）的回归结果，研发投资绝对量指标（RD）与研发投资相对量指标（RDIN）分别作为被解释变量，EVA 考核（PERIOD 与 EVADUM 的交互项）作为解释变量，对不同薪酬激励强度下 EVA 考核对企业研发投资的影响进行验证。

表6-7　高 SI 组和低 SI 组中 EVA 考核与企业研发投资绝对值、相对值的回归结果

	高 SI 组	低 SI 组	高 SI 组	低 SI 组
	RD	RD	RDIN	RDIN
PERIOD	0.945*	1.372***	0.017***	0.015***
	(1.74)	(5.81)	(3.32)	(4.17)
EVADUM	−0.933***	−0.064	−0.003	0.002
	(−2.66)	(−0.29)	(−0.75)	(0.53)
EVADUM×PERIOD	1.270***	0.290	0.011**	0.006*
	(3.65)	(1.23)	(2.44)	(1.75)
TobinQ	0.093***	0.010	0.004***	0.001***
	(4.12)	(0.54)	(5.67)	(2.02)
ROE	0.009***	0.022***	0.000***	0.000***
	(3.40)	(5.98)	(3.34)	(5.43)
SIZE	0.863***	0.752***	−0.001	−0.003***
	(27.05)	(16.98)	(−1.13)	(−4.54)
GQhhi	−0.002	0.000	−0.000***	0.000
	(−1.15)	(0.12)	(−2.62)	(0.93)
YEAR	控制	控制	控制	控制
IND	控制	控制	控制	控制
Constant	−2.773***	−1.442	0.011	0.053***
	(−3.12)	(−1.44)	(0.59)	(3.50)
Adj-R^2	0.582	0.503	0.198	0.181
F 值	69.54	56.01	28.56	19.89
N	1569	1489	1569	1489

注：***、**、*分别表示在1%、5%、10%的水平上显著。

数据来源：通过 Stata15.0 计算得出。

从表6-7可以看出，高 SI 组的 EVADUM×PERIOD 与研发投资绝对量指标（RD）在1%的水平上呈显著的正相关关系，与研发投资相对量指标（RDIN）在5%的水平上呈显著的正相关关系，系数分别为1.270和0.011，而低 SI 组的 EVADUM×PERIOD 与研发投资绝对量指标（RD）的关系不显著，与研发投

资相对量指标（RDIN）在10%的水平上相关，可见显著度不高。由此可以得出，在薪酬激励强度较高时，EVA考核对企业研发投资的促进作用才更加显著，即高薪酬激励会加强EVA考核对企业研发投资的促进作用，故假设4成立。

（2）高股权激励、低股权激励与企业研发投资的回归结果分析。表6-8是高EI组和低EI组中EVA考核与研发投资绝对量指标（RD）、研发投资相对量指标（RDIN）的回归结果，研发投资绝对量指标（RD）与研发投资相对量指标（RDIN）分别作为被解释变量，EVA考核（EVADUM与PERIOD的交互项）作为解释变量，对不同股权激励强度下EVA考核对企业研发投资的影响进行验证。

表 6-8　高 EI 组和低 EI 组 EVA 考核与企业研发投资绝对值、相对值的回归结果

	高 EI 组	低 EI 组	高 EI 组	低 EI 组
	RD	RD	RDIN	RDIN
PERIOD	1.570***	0.699***	0.022***	0.013***
	(7.03)	(7.54)	(6.67)	(5.09)
EVADUM	−0.471**	1.030***	−0.001	0.056***
	(−2.39)	(16.87)	(−0.54)	(22.16)
EVADUM×PERIOD	0.748***	−1.021***	0.009***	−0.059***
	(3.68)	(−12.80)	(3.40)	(−20.58)
TobinQ	0.001	0.117***	0.001	0.005***
	(0.05)	(5.27)	(1.39)	(7.86)
ROE	0.021***	0.011***	0.000***	0.000**
	(6.72)	(3.74)	(8.19)	(2.26)
SIZE	0.766***	0.947***	−0.003***	0.002**
	(20.25)	(26.52)	(−4.10)	(1.96)
GQhhi	0.006***	−0.005***	0.000***	−0.000***
	(3.39)	(−3.97)	(2.74)	(−4.40)
YEAR	控制	控制	控制	控制

续表

	高 EI 组	低 EI 组	高 EI 组	低 EI 组
	RD	RD	RDIN	RDIN
IND	控制	控制	控制	控制
Constant	−0.429	−4.544***	0.057***	−0.041**
	(−0.53)	(−5.98)	(3.96)	(−2.44)
Adj-R^2	0.641	0.613	0.188	0.260
F 值	85.47	91.22	24.64	21.28
N	1516	1542	1516	1542

注：***、**、*分别表示在1%、5%、10%的水平上显著。
数据来源：通过 Stata15.0 计算得出。

从表6-8可以看出，高EI组的EVADUM×PERIOD与研发投资绝对量指标（RD）、研发投资相对量指标（RDIN）均在1%的水平上呈显著的正相关关系，系数分别为0.748和0.009，而低EI组的EVADUM×PERIOD与研发投资绝对量指标（RD）和研发投资相对量指标（RDIN）均在1%的水平上呈负相关关系，系数分别为1.021和0.059，由此可以得出在高EI组中EVA考核对研发投资绝对量指标（RD）和研发投资相对量指标（RDIN）的促进作用较低EI组呈现更显著的结果。因此，股权激励强度越高，EVA才会对企业研发投资起到正向促进的作用，即高股权激励强度能够增强EVA考核对企业研发投资的促进作用。由此，本书的假设5成立。

6.3.4　稳健性检验

本书为了使上述的结果有更好的说服力和更强的可靠度，对以上所有研究结果进行了相应的稳健性检验。通过对文献的大量阅读，本书采取更换变量的方法进行检验，因上文实证部分已选取研发投资绝对量和研发投资相对量同时进行验证，故本书在稳健性检验中将控制变量的净资产收益率（ROE）用资产负债率（LEV）进行替换，加之 EVA 考核是 2010 年出台的政策，因 EVA 考核所做调整具有一定滞后性，因此，本书在稳健性检验时将 2010 年的所有观测值删去。检验结果如表 6-9~表 6-13 所示：

表 6-9　EVA 考核与企业研发投资的检验结果

	（1）	（2）	（3）	（4）
	RD	RD	RDIN	RDIN
PERIOD	2. 517 ***	1. 158 ***	0. 013 ***	0. 015 ***
	(13. 10)	(5. 74)	(4. 38)	(4. 50)
EVADUM	0. 176	−0. 472 **	−0. 001	−0. 001
	(1. 02)	(−2. 38)	(−0. 53)	(−0. 34)
EVADUM×PERIOD	0. 640 ***	0. 814 ***	0. 010 ***	0. 009 ***
	(3. 43)	(3. 98)	(3. 43)	(3. 10)
TobinQ		0. 089 ***		0. 003 ***
		(6. 05)		(7. 81)
LEV	−0. 002 **		−0. 000 ***	
	(−2. 00)			(−2. 49)
SIZE		0. 937 ***		0. 001 ***
		(35. 23)		(1. 96)
GQhhi		−0. 000		−0. 000
		(−0. 38)		(−1. 29)
YEAR	控制	控制	控制	控制
IND	控制	控制	控制	控制
Constant	14. 289 ***	−4. 936 ***	−0. 003	−0. 031 **
	(44. 29)	(−7. 88)	(−0. 96)	(−2. 57)
Adj−R²	0. 308	0. 606	0. 125	0. 159
F 值	52. 17	125. 88	27. 59	32. 11
N	2887	2887	2887	2887

注：***、**、*分别表示在 1%、5%、10%的水平上显著。
数据来源：通过 Stata15. 0 计算得出。

表6-10　薪酬激励与企业研发投资的检验结果

	(1)	(2)	(3)	(4)
	RD	RD	RDIN	RDIN
SI	0.842***	0.355***	0.008***	0.009***
	(23.13)	(11.28)	(12.31)	(12.88)
TobinQ		0.079***		0.003***
		(5.56)		(7.64)
LEV		0.001		0.000
		(0.77)		(0.72)
SIZE		0.805***		−0.002***
		(26.15)		(−3.42)
GQhhi		0.001		0.000
		(1.44)		(0.89)
YEAR	控制	控制	控制	控制
IND	控制	控制	控制	控制
Constant	2.198***	−7.703***	−0.113***	−0.100***
	(3.67)	(−11.96)	(−12.19)	(−8.34)
Adj−R^2	0.418	0.617	0.161	0.200
F值	77.74	141.16	41.71	89.83
N	2887	2887	2887	2887

注：***、**、*分别表示在1%、5%、10%的水平上显著。

数据来源：通过Stata15.0计算得出。

表6-11　股权激励与企业研发投资的检验结果

	(1)	(2)	(3)	(4)
	RD	RD	RDIN	RDIN
EI	1.190***	0.279***	0.008***	0.006***
	(8.73)	(2.85)	(4.11)	(2.85)
TobinQ		0.093***		0.003***
		(6.26)		(7.91)
LEV		−0.001		−0.000*
		(−1.41)		(−1.88)

续表

	（1）	（2）	（3）	（4）
	RD	RD	RDIN	RDIN
SIZE		0.932 ***		0.001 **
		（33.05）		（2.06）
GQhhi		0.001		0.000
		（0.78）		（0.14）
YEAR	控制	控制	控制	控制
IND	控制	控制	控制	控制
Constant	13.903 ***	−5.210 ***	−0.007 ***	−0.038 ***
	（42.48）	（−8.11）	（−2.23）	（−3.15）
Adj−R^2	0.298	0.599	0.113	0.147
F 值	52.57	128.11	58.65	95.12
N	2887	2887	2887	2887

注：*** 、** 、* 分别表示在1%、5%、10%的水平上显著。
数据来源：通过 Stata15.0 计算得出。

表6-12　高 SI 组和低 SI 组 EVA 考核与企业研发投资绝对值、相对值的检验结果

	高 SI 组	低 SI 组	高 SI 组	低 SI 组
	RD	RD	RDIN	RDIN
PERIOD	0.828	1.045 ***	0.013 ***	0.010 ***
	（1.52）	（4.49）	（2.66）	（2.78）
EVADUM	−0.993 ***	−0.130	−0.005	0.001
	（−2.77）	（−0.59）	（−1.10）	（0.26）
EVADUM×PERIOD	1.304 ***	0.378	0.013 ***	0.007 **
	（3.66）	（1.57）	（2.63）	（2.01）
TobinQ	0.139 ***	0.034 *	0.005 ***	0.001 ***
	（5.98）	（1.80）	（7.39）	（2.64）
LEV	0.001	−0.003 **	0.000	−0.000 **
	（0.97）	（−2.34）	（0.19）	（−2.22）
SIZE	0.897 ***	0.859 ***	0.000	−0.001 **
	（27.50）	（18.86）	（0.18）	（−2.04）

续表

	高 SI 组	低 SI 组	高 SI 组	低 SI 组
	RD	RD	RDIN	RDIN
GQhhi	−0.001	−0.001	−0.000 **	0.000
	(−0.99)	(−0.36)	(−2.46)	(0.41)
YEAR	控制	控制	控制	控制
IND	控制	控制	控制	控制
Constant	−3.567 ***	−3.300 ***	−0.012	0.027 *
	(−3.64)	(−3.24)	(−0.64)	(1.72)
Adj−R²	0.578	0.493	0.192	0.152
F 值	97.27	64.21	48.46	18.44
N	1516	1371	1516	1371

注：*** 、** 、* 分别表示在 1%、5%、10%的水平上显著。

数据来源：通过 Stata15.0 计算得出。

表 6-13　高 EI 组和低 EI 组 EVA 考核与企业研发投资绝对值、相对值的检验结果

	高 EI 组	低 EI 组	高 EI 组	低 EI 组
	RD	RD	RDIN	RDIN
PERIOD	1.294 ***	0.536 ***	0.016 ***	0.010 ***
	(5.81)	(3.77)	(4.74)	(2.88)
EVADUM	−0.577 ***	0.887 ***	−0.003	0.054 ***
	(−2.88)	(6.93)	(−1.31)	(15.03)
EVADUM×PERIOD	0.813 ***	−0.831 ***	0.010 ***	−0.056 ***
	(3.89)	(−5.91)	(3.54)	(−14.68)
TobinQ	0.041 **	0.139 ***	0.002 ***	0.005 ***
	(2.01)	(6.53)	(3.23)	(8.60)
LEV	−0.003	−0.004 ***	−0.000	−0.000 ***
	(−1.80)	(−3.33)	(−1.95)	(−3.47)
SIZE	0.867 ***	1.031 ***	−0.000	0.003 ***
	(23.34)	(29.07)	(−0.55)	(3.75)
GQhhi	0.006 ***	−0.004 ***	0.000 ***	−0.000 ***
	(3.35)	(−3.46)	(2.53)	(−3.95)

续表

	高 EI 组	低 EI 组	高 EI 组	低 EI 组
	RD	RD	RDIN	RDIN
YEAR	控制	控制	控制	控制
IND	控制	控制	控制	控制
Constant	−2.221***	−6.121***	0.017	−0.068***
	(−2.75)	(3.08)	(1.08)	(−3.97)
Adj-R^2	0.635	0.603	0.140	0.262
F 值	74.50	93.39	16.99	21.84
N	1389	1498	1389	1498

注：***、**、*分别表示在 1%、5%、10%的水平上显著。
数据来源：通过 Stata15.0 计算得出。

双重差分模型即 EVA 考核是否能够增大企业研发投资的检验结果见表 6-9，由检验结果可知，无论是否加入控制变量，EVADUM×PERIOD 的系数均与研发投资绝对量、相对量在 1%的置信水平上显著正相关，这与上文的研究结果依然保持高度一致；不同的高管激励强度对研发投资的促进效用的检验结果见表 6-10、表 6-11，由检验结果可知，无论是否加入控制变量，薪酬激励和股权激励均在很大程度上促进企业加大研发投资；高 SI 组和低 SI 组的检验结果见表 6-12、高 EI 组和低 EI 组的检验结果见表 6-13，由检验结果可知，在高薪酬激励组和高股权激励组中，EVA 考核对研发投资的促进作用更加显著。综上所述，所有检验结果均与上述回归结果相差略小，几乎保持一致，通过了稳健性检验。因此，本书得出的所有结果均具有可靠性。

6.4　本章小结

本章针对 EVA 考核、高管激励与企业研发投资三者之间的关系进行了实证研究。先对不同的激励机制与激励强度对企业研发投资的影响进行理论分析与研究假设，然后选择了 2007~2019 年共 13 个年度区间沪深 A 股中央上市企业作为研究样本，同时选取该年份区间的民营企业作为对照组进行研究，建立了 4 个相关模型，针对 EVA 考核和高管激励两种激励机制，探究其与企业研发投资的内部影响机理；对不同的高管激励强度是否会对 EVA 考核与企业研发投资之间的关系产生影响进行了详细研究，最后将控制变量的净资产收益率（ROE）用资产负债率（LEV）进行替换，并去除 2010 年的所有观测值进行稳健型检验，增加了研究的可靠性。

　　本章研究发现：①EVA 考核可以增大企业的研发投资量。这很好地验证了前文提出的相关假设，也体现了 EVA 考核制度所倡导的价值管理理念。②高管激励可以增大企业研发投资量。适宜的高管激励政策能够在一定程度上缓解高管自身利益与研发投资所带来的高风险和滞后收益之间的矛盾。本章研究的高管激励分为薪酬激励和股权激励，其中薪酬激励具有稳定性，可以有效降低高管对于风险的规避，股权激励则避免了管理者的短视行为，提高其对研发投资的积极性。③高薪酬激励强度和高股权激励强度可以加强 EVA 考核对研发投资的促进作用。通过对激励强度高低组的分组回归发现，薪酬激励与股权激励之间会相互影响，且 EVA 考核对企业研发投资的促进作用只有在薪酬激励强度较高时、股权激励强度较高时才更加显著，即高薪酬激励强度和高股权激励强度可以加强 EVA 考核对研发投资的促进作用。这证明二者可以达到利益趋同的目的，且只有在激励强度较高时结合使用，才能够使股东与管理者的目标趋于一致，从而降低管理者的短视行为，有效地促进企业加大研发投资。

第7章 结论与政策建议

7.1 研究结论

  本书首先回顾了我国国有企业改革发展的历程，从中梳理出国有企业特殊的委托代理关系和内部人控制问题，对国有企业从改革开放开始进行的一系列放权让利政策进行了分析，提出其带来的相应问题。其次，通过对国有企业绩效考核发展历程的简要回顾发现，国有企业绩效考核方案没有形成体系，并且基本是按照国有企业改革中出现的问题，不断地引导纠正，在 EVA 考核体系出台之前最终形成了以会计利润为导向的考核激励机制。而后，从委托代理理论和管理层激励的角度出发，就 R&D 活动特征、国有企业内部人控制以及国有企业负责人薪酬激励三个方面对国有企业 R&D 投入不足进行动因分析，并归纳出绩效考核指标如何作为一种经理人契约的治理工具，引导经理层的投资决策行为，增加对中央企业 R&D 投入的基础逻辑框架，为后文的理论分析和假设奠定基础。

第4章至第6章主要考察了EVA考核实施对企业研发投资的影响，管理者特征对EVA考核和研发投资关系的调节效应以及EVA考核、高管激励与企业研发投资三者之间的关系，实证研究结论如下：

（1）相比未实施EVA考核的企业，实施EVA考核的企业在EVA考核实施后研发投资绝对额和相对额（研发投资强度）均显著提高，并且通过PSM配对、在PSM配对基础上缩短样本区间、去掉EVA实施当年数值、将控制变量滞后一期、更换研发投资强度关键变量的度量方式等处理，对本书的结果进行了充分的稳健性检验，以保证结果的可靠性。EVA考核实施短短几年已经初见成效，总体来说对我国国有企业研发投资有显著促进作用，针对国有企业存在的创新能力不足的问题，通过EVA考核的本土化改造已经起到了一定的引导作用。EVA理念想要改变的不仅仅是企业对研发项目的处理决策行为，更重要的是想将研发作为企业的战略投资而非单纯的费用这一理念深植管理层的认知，渗透到企业文化中，从而为企业提升竞争能力及可持续发展提供源源不竭的动力。

（2）管理者特征对研发投资产生不同的影响。一般认为，管理者的个人特征对企业的研发创新有较大影响。通过实证研究发现，不同的特征对于国有企业研发投资有不同的影响。管理者年龄、学历、性别、学科背景和职业背景对研发投资绝对量有明显的促进作用，而管理者任期对于研发投资绝对量的影响并不显著；管理者任期、学历、性别、学科背景和职业背景对研发强度产生了较为显著的促进作用，不能判断管理者年长或年轻对国有企业研发强度产生影响。

（3）管理者特征对EVA考核与研发投资之间的关系有不同的调节效果。本书选取管理者年龄、性别、学历、任期、学科背景和职业背景来探究具体每个管理者个人特征是如何影响EVA考核制度与国有企业研发投资之间的关系的。通过实证研究分析发现，管理者年龄对EVA考核与研发投资的关系并没有产生调节作用；高学历管理者往往比较低学历者更能促进 EVA 考核对国有企业研发投资的影响，高学历一定程度上意味着管理者对试错的过程保持乐观的态度，对待研发投资活动有较大的包容心，不过分急于求成，这正与研发活动的特性一致；任期短的管理者会比任期长的管理者有更强的"危机意识"，导致在有限的任期内要做出一番成就，必须更加重视研发投资活动，因此认为，任期短的管理者更能促进 EVA 考核制度与研发投资之间的关系；女性管理者对 EVA 考核和研发投资之间的关系调节效果更为显著，女性管理者比大多数男性管理者多了几分细腻度，对待企业中的研发投资决策也更为敏感和谨慎；理工科出身的管理者产生的调节效果比非理工科背景的管理者更为显著，多数理工科人才都具有较强的数学思维和举一反三的能力，这个优势十分有利于企业的创新决策和研发投资，因此也就促进了研发投资的发展；管理者的职业背景也能对 EVA 考核与研发投资的关系产生正向的促进作用，如果管理者有研发、生产和设计相关的职业背景，那么以往类似的工作经验将帮助他们反思不足，总结经验教训，帮助未来的研发投资活动取得更好的成果，这直接影响了国有企业的研发投资。

（4）高管激励可以增大企业研发投资量。因研发投资具有高风险、收益滞后性等特点，高管会为保障自身利益而拒绝加大研发投资，而适宜的高管激励政策能够在一定程度上缓解这样的问题。高风险的研发投资项目为高管所带来的利润损害也得到一定程度的缓和，且薪酬激励的稳定性较高，可以有效降低高管对于风险的规避。前文的回归结果显示，薪酬激励可以有效地提高企业加大研发投资，使得高管对研发投资的积极性向前迈进一大步；股权激励是指让管理者的手中拥有企业一定量的股票，使其具产生主人翁意识，能够站在企业所有者的角度考虑问题，避免了管理者的短视行为，提高其对研发投资的积极性，前文的回归结果也证实了股权激励可以有效促进企业加大研发投资。

（5）高薪酬激励强度和高股权激励强度可以加强 EVA 考核对研发投资的

促进作用。企业实施 EVA 考核、薪酬激励和股权激励都可以在一定程度上增大企业的研发投资，针对二者之间可能存在的相互影响，前文经过对激励强度高低组的分组回归可以发现，EVA 考核对企业研发投资的促进作用只有在薪酬激励强度较高时、股权激励强度较高时才更加显著，即薪酬激励强度和高股权激励强度可以加强 EVA 考核对研发投资的促进作用。由此可以证明，只有在激励强度较高的条件下二者结合使用，才能够使股东与管理者的目标趋于一致，二者可以达到利益趋同的目的，从而有效降低管理者的短视行为，更加有效地促进企业加大研发投资。

7.2　政策建议

通过上述研究结论可知，企业实施 EVA 考核、薪酬激励和股权激励均可以促进企业加大研发投资，且在高薪酬激励、高股权激励下 EVA 考核与企业研发投资之间的促进作用更加显著。由此，本书提出以下几点政策建议：

7.2.1　进一步推进和完善 EVA 考核制度

EVA 考核以中央企业价值创造为导向，为企业的长远发展提供了战略指导和方向，国资委应保持以价值管理理念为核心，深入推行 EVA 考核，将 EVA 作为主要考核指标，并根据考核情况逐步提高相关指标的权重。要结合企业所处行业的相关特征以及所处发展阶段的特点，合理制定 EVA 考核的有关考核标准，设定科学的资本成本率，实施有针对性的考核，更加关注企业的创新发展和可持续发展。除此之外，由于研发活动一般需要较长的周期并且技术创新能力也需要经历较长时间的积累和沉淀，对于管理者的业绩考核也应该是一个长期的过程。但目前国资委仅在短期年度考核中引入 EVA 考核制度，对于企业创新能力的提升效果并不明显，因此亟须适当地延长 EVA 考核的考核周期，建立长周期的 EVA 考核机制，及时针对考核结果进行评价分析，动态跟进考核，才能完善 EVA 考核制度、提升考核的实施效果。最后，进一步精简 EVA 考核的调整项目，EVA 的计算过程很多涉及调整项，财务人员在执行这一操作时，因其复杂性难免产生消极的抵触心理，从而影响企业的考核效果，只有提升业绩考核制度的易操作性，对操作步骤和调整环节优化升级，才能进一步提高国有企业的研发效率。

7.2.2　加强对研发投资的重视，完善研发投资的披露制度

本书的研究表明，中央企业实施 EVA 考核制度虽然缓解了管理者对短期业绩考核的顾虑，对引导国有企业管理者重视研发活动也产生了明显效果。但必须承认，也出现了一些研发非效率问题。在实施 EVA 考核的背景之下，虽然企业的管理者根据 EVA 考核的相关要求接近甚至达到了企业研发投资发展的目标，但在研发项目落实之后，没有设计相应的跟踪评价体系，导致企业管理者对于研发项目的跟进不太密切，无法掌握实时的研发情况。研发项目面子工程、研发资金被私自占用等现象层出不穷，研发项目的进度和成果难以跟踪，结果是研发效率低下，投入巨额的研发资金，创新产出却甚微。基于以上研究结论，本书建议在对中央企业负责人实施 EVA 考核的过程中，应当建立或完善相应合理的跟踪机制，从研发项目的申请、审批到最后完成的整个过程都要给予密切关注，确保研发立项符合规定；尤其在研发资金的审批环节要更加严格，充分发挥 EVA 考核制度，提升企业创新能力的积极作用。此外，当前研发项目的披露制度还有待完善，研发投资情况的披露制度没有统一的衡量标准，大多数企业只对研发项目金额进行披露，对研发项目的完成度和进展缺乏深入的报告和分析，使得投资者难以全面了解企业研发项目情况。企业需要

定期对研发投资进行考察和监督，转变和优化研发方式，提高研发管理水平。完善研发投资的披露制度，不光为投资者提供便捷，增加投资者对企业研发的了解程度，而且有利于管理者执行正确决策，规范相关研发管理行为。

国有企业在日后招聘时，可以尽可能聘用学历更高以及拥有理工科背景或者从事过研发、生产和设计相关工作的管理者。研究表明，符合这些条件的管理者更能够促进国有企业的研发投资，更有利于国有企业的创新发展。根据大多数学者的观点可知，年轻的管理者追求挑战极限，喜欢不断创新，有较强的创新意识；而年长的管理者拥有丰富的阅历、脚踏实地，更能够确保研发决策达到较高的质量和更好的执行效果。要想维持长期稳定的发展，建议在企业内部实行导师制，年长的管理者提出建议和想法，年轻的管理者负责执行和完成。这样的"老少"搭配有利于缩短研发项目期限、提高研发工作效率，不仅为年轻的管理者提供较快的职业成长途径，还为企业储备了更多的优秀人才。企业还应多多鼓励员工自发建立学习型组织，建立积极有效的知识共享机制，实现组织内部互帮互助，提高整体员工的专业技能和个人素质，从而提高企业科技创新能力以及企业研发创新的发展。除此之外，管理者应该进一步学习 EVA 的相关理论，加强对 EVA 考核的重视程度，理解 EVA 的核心理念，努力培育具有 EVA 理念的企业文化，实现更多的企业价值。

7.2.3　形成多元化的激励机制

在企业中如果只是单一地使用某一种激励机制，可能可以使委托代理问题在一定程度上得到缓和，达成二者利益趋同的目标，例如企业单独实施某一种高管激励政策，的确可能使公司业绩得以提升，也在一定程度上促进高管加大企业的研发投资的意愿，但是很多企业往往忽略了多种激励方式结合的激励效果。例如，同时实施两种或两种以上的激励机制可能会达到更好的激励效果，并对提升企业业绩有更加显著的促进作用。

通过本书的研究结果可知，EVA 考核、薪酬激励、股权激励都能够在一定程度上促进企业增大研发活动的投入量，且在薪酬激励、股权激励实施强度较高时，EVA 考核对企业研发投资的促进作用更加显著，即可以证明在高管激励强度较高时二者结合使用促进效果更佳，因而可以在高薪酬激励强度或高股权激励强度下结合使用 EVA 考核，从而对企业加大研发投资起到更加有效的促进作用。企业应当关注激励机制的有效结合，因为往往可以产生"1+1>2"的效果，即对企业加大研发投资具有更有效的促进作用。

7.2.4 提高企业激励强度，加大企业研发投资

企业进行研发创新活动是企业提高自身竞争力、稳固市场地位的有效方式之一，经前文验证可知，在高管激励强度较高时，EVA 考核对企业增大研发投资量的促进作用会较激励强度低时更加显著，因此，企业应当加大高管激励力度，以此来使高管的工作积极性得到大幅提升，为高管与股东利益趋同的目标做好铺垫。近年来，虽然我国每年投入的研发费用在逐年爬升，但相比于一些较为发达的国家还有待提高，我们还需采取一定手段，稳步提升企业进行研发创新活动的积极性，从而使得企业不断增加研发投资，提高核心竞争力。企业可以结合自身情况，在引入 EVA 考核指标后加大高管激励力度，以达到更加有效的激励效果，促进企业长远稳固地发展。

7.3 研究不足及展望

本书详细研究了 EVA 考核、管理者特征与研发投资之间的关系，并且深入探讨了不同激励机制之间可能存在的影响，但在各方面的约束下，本书依然

存在着许多不足与局限性，以期为未来相关领域的研究和完善提供一定的方向。

（1）本书在有关高管激励与企业研发投资二者之间的关系研究中，选取的高管激励的衡量指标均为高管的持股量存在一定局限性，比如在股权激励中，其激励方式包含很多种，比如股权激励的激励方式可能还可以进行进一步细化，同此因数据搜集和详细分类较为困难，本书并未对此作出详细研究，在今后相关领域的研究中，如果可以搜整理到详细数据，可以再进一步细分研究，不断深化研究不同类别的激励方式及激励强度对研发投资的影响。

（2）在研发支出的数据方面，由于有一部分公司在所披露的数据中并未表明当前投入研发费用，抑或存在隔年披露、披露数据不规整的情况，这些方面都可能会对本书的研究结果产生影响。

参考文献

［1］Hsiao S. PTE, Innovation Capital and Firm Value Interactions in the Bio-tech Medical Industry［J］. Journal of Business Research, 2014, 67（12）: 2636-2644.

［2］Lee S, Shim E. Moderating Effects of R&D on Corporate Growth in US and Japanese Hi-Tech Industries: An Empirical Study［J］. The Journal of High Technology Management Research, 1995, 6（2）: 179-191.

［3］Solow R M. Technical Change and the Aggregate Production Function［J］. Applied Economics, 1957, 39（3）: 312-320.

［4］施子海. 加快产业技术进步, 提高科技对经济增长的贡献率［J］. 经济研究参考, 1997（56）: 2-13.

［5］Boeing P, Mueller E, Sandner P. China's R&D Explosion-Analyzing Productivity Effects across Ownership Types and over Time［J］. Research Policy, 2016（45）: 159-176.

［6］梁莱歆, 金杨, 赵娜. 基于公司生命周期的 R&D 投入与公司绩效关系研究——来自上市公司经验数据［J］. 科学学与科学技术管理, 2010（12）: 11-17.

［7］ Landau R, Taylor T, Wright G. The Mosaic of Economic Growth ［M］.
Stanford: Stanford University Press, 1996.

［8］ Lee P M, O'Neill H M. Ownership Structures and R&D Investments of
US and Japanese Firms: Agency and Stewardship Perspectives ［J］. Academy of
Management Journal, 2003, 46 （2）: 212-225.

［9］ O'Connor M, Rafferty M. Corporate Governance and Innovation ［J］.
Journal of Financial and Quantitative Analysis, 2012, 47 （2）: 397-413.

［10］ Jensen M. Agency Costs of Free Cash Flow, Corporate Finance and Take-
overs ［J］. American Economic Review, 1986, 76 （2）: 323-329.

［11］ Balkin D B, Markman G D, Gomez-Mejia L R. Is CEO Pay in Hight-
echnology Firms Related to Innovation? ［J］. Academy of Management Journal,
2000, 43 （6）: 1118-1129.

［12］ Almeida H, Hsu P, Li D. Less Is More: Financial Constraints and Inno-
vative Efficiency ［C］. American Financial Association 2015 Annual Meeting,
2015.

［13］ Hall B H, Lerner J. The Financing of R&D and Innovation ［J］. Hand-
book of the Economics of Innovation, 2010 （1）: 609-639.

［14］ Holmstrom B. Agency Costs and Innovation Some Empirical Evidence
［J］. Journal of Economic Behavior and Organization, 1989, 12 （3）: 305-327.

［15］ Rogerson W P. Intertemporal Cost Allocation and Managerial Investment
Incentives: A Theory Explaining the Use of Economic Value Added as a Performance
Measure ［J］. Journal of Political Economy, 1997, 105 （4）: 770-795.

［16］ Shen Y J, Zou L, Chen D H. Dose Eva Performance Evaluation Improve
the Value of Cash Holdings? Evidence from China ［J］. China Journal of Account-
ing Research, 2015 （8）: 213-241.

[17] 池国华，王志，杨金. EVA 考核提升了公司价值吗? ——来自中国国有上市公司的经验证据 [J]. 会计研究，2013（11）：60-66.

[18] Stern J M. Earnings Per Share Don't Count [J]. Financial Analysts Journal, 1974, 30（4）：39-75.

[19] 杜玉鹏. 管理层权力对国有企业并购及其财务效应影响研究 [D]. 天津：天津大学，2010.

[20] 张磊，王淼. 西方技术创新理论的产生与发展综述 [J]. 科技与经济，2008（1）：56-58.

[21] 彭靖里，邓艺，李建平. 国内外技术创新理论研究的进展及其发展趋势 [J]. 科技与经济，2006（4）：13-16.

[22] 林春艳，林晓言. 技术创新理论述评 [J]. 技术经济，2006（6）：4-7.

[23] 颜鹏飞，汤正仁. 新熊彼特理论述评 [J]. 当代财经，2009（7）：116-122.

[24] 张凤海，侯铁珊. 技术创新理论述评 [J]. 东北大学学报（社会科学版），2008（2）：101-105.

[25] Hanusch H, Pyka A. Principles of Neo-Schumpeterian Economics [J]. Cambridge Journal of Economics, 2006, 31（2）：275-289.

[26] Kamien M I, Schwartz N L. On the Degree of Rivalry for Maximum Innovative Activity [J]. The Quarterly Journal of Economics, 1976, 90（2）：245-260.

[27] Mansfield E. Industrial Research and Technological Innovation：An Econometric Analysis [M]. New York：W. W. Norton &Company Inc, 1968.

[28] Freeman C. The Economics of Industrial Innovation（Second Edition）[M]. Cambridge：Mit Press, 1982.

［29］ Davis L, North D. Institutional Change and American Economic Growth: A First Step Towards a Theory of Institutional Innovation ［J］. The Journal of Economic History, 1970, 30（1）: 131-149.

［30］魏杰. 中国企业制度创新［M］. 北京: 中国发展出版社, 2006.

［31］林如海, 彭维湘. 企业创新理论及其对企业创新能力评价意义的研究［J］. 科学学与科学技术管理, 2009（11）: 118-121.

［32］ Schmookler J. Invention and Economic Growth ［M］. Cambridge: Harvard University Press, 1966.

［33］ Griliches Z. Hybrid Corn: An Exploration in the Economics of Technological Change ［J］. Econometrica, 1957, 25（4）: 501-522.

［34］ Griliches Z. Issues in Assessing the Contribution of Research and Development to Rroductivity Growth ［J］. The Bell Journal of Economics, 1979, 10（1）: 92-116.

［35］毛凯军. 技术创新: 理论回顾与探讨［J］. 科学学与科学技术管理, 2005（10）: 55-59.

［36］代明, 殷仪金, 戴谢尔. 创新理论: 1912-2012——纪念熊彼特《经济发展理论》首版 100 周年［J］. 经济学动态, 2012（4）: 143-150.

［37］ Ross S A. The Economic Theory of Agency: The Principal's Problem ［J］. Economic Review, 1973, 63（2）: 134-139.

［38］ Adam S. An Inquiry into the Nature and Causes of the Wealth of Nations ［M］. London: Oxford University Press, 1776.

［39］ Jensen M C, Meckling W H. Theory of the Firm: Managerial Behavior, Agency Costs, and Ownership Structure ［J］. Journal of Financial Economics, 1976, 3（4）: 305-360.

［40］ Shleifer A, Vishny R. A Survey of Corporate Governance ［J］. Journal of Finance, 1997（52）：737-783.

[41] Shleifer A, Vishny R. Large Shareholders and Corporate Control [J].
Journal of Political Economy, 1986（94）：461-488.

[42] Meyer S C. The Capital Structure Puzzle [J]. Journal of Finance, 1984,
39（3）：575-602.

[43] 袁仕福. 新经济时代需要新企业激励理论——国外研究最新进展
[J]. 中南财经政法大学学报，2012（5）：75-82.

[44] 李春琦，石磊. 国外企业激励理论评述 [J]. 经济学动态，2001
（6）：61-66.

[45] 郝辽钢，刘健西. 激励理论研究的新趋势 [J]. 北京工商大学学报
（社会科学版），2003（5）：12-17.

[46] 张维迎. 企业的企业家—契约理论 [M]. 上海：上海人民出版
社，2015.

[47] Kreps D M, Wilson R. Reputation and Imperfect Information [J]. Journal of Economic Theory, 1982（27）：253-279.

[48] Milgrom P, Roberts J. Predation, Reputation and Entry Deterrence [J].
Journal of Economic Theory, 1982（27）：280-312.

[49] Holmstrom B. Managerial Incentive Problems：A Dynamic Perspective
[J]. Review of Economic Studies, 1999（66）：169-182.

[50] Fama E F. Agency Problems and the Theory of the Firm [J]. Journal of
Political Economy, 1980, 88（2）：288-307.

[51] Grossman S, Hart O. One Share-One Vote and the Market for Corporate
Control [J]. Journal of Financial Economics, 1988（20）：175-202.

[52] Harris M, Raviv A. Corporate Governance：Voting Rights and Majority
Rules [J]. Journal of Financial Economics, 1988（20）：203-235.

［53］苏明城，张向前．激励理论发展及趋势分析［J］．科技管理研究，2009（5）：343-345.

［54］曹元坤，占小军．激励理论研究现状及发展［J］．当代财经，2003（12）：57-61.

［55］王燕妮，王波．EVA与现有评价指标的比较分析［J］．现代管理科学，2004（7）：48-49.

［56］Stern J M, B S G, Chew D H. The Eva Financial Management System［J］. Journal of Applied Corporate Finance, 1995, 8（2）：32-46.

［57］胡玉明．经济附加值：识别企业创造价值还是毁灭价值的慧眼［J］．财务与会计，2008（12）：11-13.

［58］王雅，刘希成．会计盈余、经济增加值与企业价值相关性——来自中国上市公司的经验证据［J］．现代管理科学，2010（10）：117-119.

［59］O'Byrne S F. EVA and Market Value［J］. Journal of Applied Corporate Finance, 1996（23）：116-125.

［60］Biddle G C, Bowen R M, Wallace J S. Does Eva Beat Earnings? Evidence on Associations with Stock Returns and Firm Values［J］. Journal of Accounting and Economics, 1997, 24（3）：301-336.

［61］王化成，程小可，佟岩．经济增加值的价值相关性——与盈余、现金流量、剩余收益指标的对比［J］．会计研究，2004（5）：75-81.

［62］Hechmi S. Eva Versus other Performance Measures［J］. Asia Economic and Financial Review, 2013, 3（4）：532-541.

［63］Kleiman R. Some New Evidence on Eva Companies［J］. Journal of Applied Corporate Finance, 1999, 12（2）：80-91.

［64］Ferguson R, Rentzler J, Yu S. Does Economic Value Added（Eva）Improve Stock Performance or Profitability?［J］. Journal of Applied Finance, 2005,

15（2）：101-113.

[65] Woods M, Taylor L, Fang G C G. Electronics：A Case Study of Economic Value Added in Target Costing［J］. Management Accounting Research，2012，23（4）：261-277.

[66] Sparling D, Turvey C. Further Thought on Eva and Shareholder Returns［J］. Agribusiness，2003，19（2）：255-267.

[67] 张先治，李琦. 基于 EVA 的业绩评价对央企过度投资行为影响的实证分析［J］. 当代财经，2012（5）：119-128.

[68] 池国华，邹威. EVA 考核、管理层薪酬与非效率投资——基于沪深 A 股国有上市公司的经验证据［J］. 财经问题研究，2014（7）：43-50.

[69] 池国华，杨金，郭菁晶. 内部控制、EVA 考核对非效率投资的综合治理效应研究——来自国有控股上市公司的经验证据［J］. 会计研究，2016（10）：63-69+97.

[70] 胡海波，颜佳琳. 国企 EVA 考核、非效率投资于可持续价值创造［J］. 当代经济管理，2018，40（11）：23-30.

[71] 余明桂，钟慧洁，范蕊. 业绩考核制度可以促进央企创新吗？［J］. 经济研究，2016，51（12）：104-117.

[72] 胡海波，颜桂琳. 国企 EVA 考核、R&D 投资与可持续价值创造［J］. 财会通讯，2017（7）：26-29.

[73] 李昕潼，池国华. EVA 考核对企业融资结构的影响研究［J］. 科学决策，2018（1）：75-94.

[74] 何威风，刘巍. EVA 业绩评价与企业风险承担［J］. 中国软科学，2017（6）：99-116.

[75] 梁上坤. EVA 考核实施与中央企业上市公司的成本粘性［J］. 经济学报，2016，3（1）：1-24.

［76］Hatfield G R. R&D in an EVA World：As a Valuable Financial Metric，Economic Value Added Reinforced the Role of R&D as an Investment in the Future of the Corporation［J］. Research Technology Management，2002（2）：41-47.

［77］Lovata L M，Costigan M L. Empirical Analysis of Adopters of Economic Value Added［J］. Management Accounting Research，2002，13（2）：215-228.

［78］袁晓玲，白天元，李政大. EVA 考核与央企创新能力：短期和长期视角［J］. 当代经济科学，2013，35（6）：115-121.

［79］王燕妮，段雯娟. R&D 投资对国有企业 EVA 考核的影响研究［J］. 工业技术经济，2014（4）：81-89.

［80］Tseng C. Internal R&D Effort，External Imported Technology and Economic Value Added：Empirical Study of Taiwan's Electronic Industry［J］. Applied Economics，2008，40（8）：1073-1082.

［81］李志学，郝亚平，张昊. 基于 EVA 的央企上市公司研发支出变化研究［J］. 科技管理研究，2014（21）：110-115.

［82］鲁冰，徐凯，孙俊奇，等. EVA 对央企上市公司研发投入影响的实证研究［J］. 现代管理科学，2015（2）：112-114.

［83］夏宁，蓝梦，宁相波. EVA 考核，研发费用管理与央企创新效率［J］. 系统工程理论与实践，2019，39（8）：2038-2048.

［84］Cheng S. R&D Expenditures and CEO Compensation［J］. Accounting Review，2004，79（2）：305-328.

［85］Coles J L，Daniel N D，Naveen L. Managerial Incentives and Risk-Taking［J］. Journal of Financial Economics，2006，79（2）：431-468.

［86］陈修德，梁彤缨，雷鹏，秦全德. 高管薪酬激励对企业研发效率的影响效应研究［J］. 科研管理，2015，36（9）：26-35.

［87］梁毕明，齐聪俐. 高管激励还是市场竞争促进了研发投入［J］. 税

务与经济，2019（2）：56-63.

[88] 李春涛，宋敏．中国制造业企业的创新活动：所有制和 CEO 激励的作用 [J]．经济研究，2010（2）：55-67.

[89] 王燕妮．高管激励对研发投入的影响研究——基于我国制造业上市公司的实证检验 [J]．科学学研究，2011，29（7）：1071-1078.

[90] Lener J，Wulf J. Innovation and Incentives Evidence from Corporate R&D [J]．Rev EconStat，2015（89）：634-644.

[91] 梁彤缨，雷鹏，陈修德．管理层激励对企业研发效率的影响研究——来自中国工业上市公司的经验数据 [J]．管理评论，2015，27（5）：145-156.

[92] 徐宁，吴创．高管激励契约、技术创新动力与路径选择——来自民营中小上市公司的经验证据 [J]．科技进步与对策，2015，32（4）：71-76.

[93] 苗淑娟，夏朦，孟庆顺．高管激励对研发投入影响研究——终极控制权的调节作用 [J]．工业技术经济，2018，37（1）：41-48.

[94] 姜涛，王怀明．高管激励对高新技术 R&D 投入的影响——基于实际控制人类型视角 [J]．研究与发展管理，2012（4）：53-60.

[95] Jensen Michael C，Meckling William H. Theory of the Firm：Managerial Behavior Agency Costs and Ownership Structure [J]．Journal of Financial Economics，1976（3）：305-360.

[96] Janice S. Miller，Robert M. Wiseman，Luis R. Gomez-Mejia. The Fit between Ceo Compensation Design and Firm Risk [J]．Academy of Management Journal，2002，45（4）：745-756.

[97] 何卫红，陈燕．高管激励、技术创新与企业绩效——以创业板高科技企业为例 [J]．财会通讯，2015（30）：60-64.

[98] 邵剑兵，陈永恒，苏涛永．CEO 股权激励对企业研发投入强度的影

响研究——基于 2008 年金融危机的烙印效应 ［J］. 中央财经大学学报,
2019, 11 (12): 106-117.

［99］唐清泉, 徐欣, 曹媛. 股权激励、研发投入与企业可持续发展——
来自中国上市公司的证据 ［J］. 山西财经大学学报, 2009 (8): 77-84.

［100］吴云端. 高管持股、研发投入与企业绩效——来自创业板高新技
术企业的经验证据 ［J］. 财会通讯, 2015 (33): 41-44+129.

［101］赵息, 林德林. 股权激励创新效应研究——基于研发投入的双重
角色分析 ［J］. 研究与发展管理, 2019, 31 (1): 87-96+108.

［102］李秉祥, 雷怡瑾. 股权激励影响经理人对研发创新投资的决策
吗?——基于管理防御视角 ［J］. 科技管理研究, 2021, 41 (20): 114-123.

［103］Wu Jianfeng, Tu Runtig. CEO Stock Option Pay and R&D Spending: A
Behavioral Agency Explanation ［J］. Journal of Business Research, 2007, 60
(5): 482-492.

［104］巩娜. 家族企业、股权激励与研发投入 ［J］. 证券市场导报,
2013 (8): 44-49.

［105］Richard A. DeFusco, Thomas S. Zorn, Robert R. Johnson. The Asso-
ciation between Executive Stock Option Plan Changes and Managerial Decision Mak-
ing ［J］. Financial Management, 1991 (20): 36-43.

［106］赵洪江, 陈学华, 夏晖. 公司自主创新投入与治理结构特征实证
研究 ［J］. 中国软科学, 2008 (7): 145-149.

［107］杜剑, 周鑫, 曾山. 创业板上市公司股权激励机制对 R&D 的影响
分析 ［J］. 会计之友, 2012 (33): 94-95.

［108］翟淑萍, 毕晓方. 高管持股、政府资助与高新技术企业研发投
资——兼议股权结构的治理效应 ［J］. 科学学研究, 2016 (9): 1371-1380.

［109］朱德胜, 周晓珮. 股权制衡、高管持股与企业创新效率 ［J］. 南

开管理评论，2016，19（3）：136-144.

　　[110]谭江伟.企业高管股权激励与研发投资研究［D］.重庆：西南大学，2013.

　　[111]侯静茹，黎文靖.高管团队薪酬差距激励了企业创新吗？——基于产权性质和融资约束的视角［J］.财务研究，2017（5）：13-21.

　　[112]周铭山，张倩倩.“面子工程”还是“真才实干”？——基于政治晋升激励下的国有企业创新研究［J］.管理世界，2016（12）：116-132+187-188.

　　[113]Sergio G. Lazzarini, Barros H M. Do Organizational Incentives Spur Innovation? ［J］. Brazilian Administration Review, 2012, 9（3）：308-328.

　　[114]Goel, Thakor. Overconfidence, CEO Selection, and Corporate Governance ［J］. Journal of Finance, 2008, 63（3）：2737-2784.

　　[115]巩娜，刘清源.CEO还是会TMT——民营上市公司高管薪酬差距对于企业研发的影响［J］.南方经济，2015（1）：85-103.

　　[116]Lin Y F, Yeh Y M C, Shih Y T. Tournament Theory's Perspective of Executive Pay Gaps ［J］. Journal of Business Research, 2013, 66（5）：585-592.

　　[117]康华，扈文秀，吴祖光.晋升激励、成长性与创业板上市公司研发投入［J］.科研管理，2016，37（10）：51-59.

　　[118]朱永明，贾明娥，赵程程.晋升激励与创业板上市公司创新绩效［J］.科技进步与对策，2017，15（34）：72-79.

　　[119]李瑞，王昭.EVA评价与央企薪酬激励研究［J］.中国商论，2016（2）：51-54.

　　[120]池国华，邹威.EVA考核、管理层薪酬与非效率投资——基于沪深A股国有上市公司的经验证据［J］.财经问题研究，2014（7）：8.

［121］肖永慧，段康．高管股权激励、EVA考核与费用粘性［J］．财经问题研究，2020（8）：65-73.

［122］陈彬，姜皓天．高管薪酬EVA敏感性与研发支出研究——基于A股央企的经验证据［J］．财会通讯，2017（15）：61-64.

［123］俞鸿琳，张书宇．高管晋升激励、考核机制与国有企业研发投入［J］．经济科学，2016（5）：95-110.

［124］康艳玲，黄国良，陈克兢．高管特征对研发投入的影响——基于高技术产业的实证分析［J］．科技进步与对策，2011，28（8）：147-151.

［125］Barker V L, Mueller G C. CEO Characteristics and Firm R&D Spending［J］. Management Science, 2002（48）：782-801.

［126］文芳．上市公司高管团队特征与R&D投资研究［J］．山西财经大学学报，2008（8）：77-83.

［127］李焰，秦义虎，张肖飞．企业产权、管理者背景特征与投资效率［J］．管理世界，2011（1）：135-144.

［128］王昌荣，李娜．高管特征、自信度与企业创新成果关系研究——基于制造业企业的经验数据［J］．经济问题，2019（5）：83-90.

［129］Bantel K, Jackson S. Top Management and Innovations in Banking：Does the Composition of the Top Team Make a Difference? ［J］. Strategic Management Journal, 1989（10）：107-124.

［130］魏立群，王智慧．我国上市公司高管特征与企业绩效的实证研究［J］．南开管理评论，2002（4）：16-22.

［131］韦小柯．高层管理团队特征与企业R&D投入关系研究［J］．科学学研究，2006（S2）：553-557.

［132］Camelo-Ordaz C, Hernandez-Lara A B and Valle-Cabrera R. The Relationship between Top Management Teams and Innovative Capacity in Companies

[J] . Journal of M-anagement Development, 2005, 24 (8): 683-705.

[133] 姜付秀, 伊志宏, 苏飞, 黄磊. 管理者背景特征与企业过度投资行为 [J] . 管理世界, 2009 (1): 130-139.

[134] 李国勇, 蒋文定, 牛冬梅. CEO 特征与企业研发投入关系的实证研究 [J] . 统计与信息论坛, 2012, 27 (1): 77-83.

[135] Grimm C M, Smith K G. Management and Organizational Change: A Note on the Railroad Industry [J] . Strategy Management, 1991, 12 (7): 557-562.

[136] Miller P. Accounting Innovation Beyond the Enterprise: Problematizing Investment Decisions and Programming [J] . Accounting Organizations & Society, 1991, 16 (8): 733-762.

[137] Brian J Bushee. The Influence of Institutional Investor on Myopic R&D Investment Behavior [J] . Accounting Review, 1998, 73 (3): 305-333.

[138] 刘运国, 刘雯. 我国上市公司的高管任期与 R&D 支出 [J] . 管理世界, 2007 (1): 128-136.

[139] 文芳, 胡玉明. 中国上市公司高管个人特征与 R&D 投资 [J] . 管理评论, 2009, 21 (11): 84-91+128.

[140] 李培功, 肖珉. CEO 任期与企业资本投资 [J] . 金融研究, 2012 (2): 127-141.

[141] 张兆国, 刘亚伟, 杨清香. 管理者任期、晋升激励与研发投入研究 [J] . 会计研究, 2014 (9): 81-88.

[142] 刘兵, 王路路, 李嫄. 基于权力构型的高管团队任期与企业创新投入关系研究 [J] . 河北工业大学学报, 2011, 40 (4): 104-109.

[143] 张璇. CEO 特征、研发投入与企业绩效的实证研究 [J] . 中国注册会计师, 2015 (8): 52-58.

［144］李海东，王梦蕾，史寒之.CEO 任期、研发投入跳跃与企业绩效的关系——来自中国上市公司的经验证据［J］.技术经济，2018，37（10）：55-65.

［145］Hsu W T, Chen H L, Ho M H. CEO Tenure and R&D Investment：Founders Vs. Agents and the Role of Independent Directors［J］. Technology Analysis & Strategic Management，2020，32（10）：1-14.

［146］任颋，王峥.女性参与高管团队对企业绩效的影响：基于中国民营企业的实证研究［J］.南开管理评论，2010，13（5）：81-91.

［147］曾萍，邬绮虹.女性高管参与对企业技术创新的影响——基于创业板企业的实证研究［J］.科学学研究，2012，30（5）：773-781.

［148］Smith N, Verner M. Do Women in Top Management Affect Firm Ferformance? A Panel Study of 2500 Danish Firms［J］. International Journal of Productivity And Performance Management，2006，55（8）：569-593.

［149］Amore M D, Garofalo O, Minichilli A. Gender Interactions within the Family Firm［J］.Management Science，2014，60（5）：1083-1097.

［150］王清，周泽将.女性高管与 R&D 投入：中国的经验证据［J］.管理世界，2015（3）：178-179.

［151］Campbell K, Minguez-Vera A. Gender Diversity The Boardroom and Firm Financial Performance［J］. Journal of Business Ethics，2008，83（3）：435-451.

［152］Carter D A, D'Souza F, Simkins B J, Et Al. The Gender and Ethnic Diversity of US Boards and Board Committees and Firm Financial Performance［J］.Corporate Governance，2010，l8（5）：396-414.

［153］何威风，陈娥.CEO 学科背景与企业创新投入［J］.财会月刊，2017（23）：16-22.

［154］Hambrick D C, Mason P A. Upper Echelons：The Organization as a Reflection of its Top Managers ［J］. Academy of Management Review, 1984, 9 (2)：193-206.

［155］Wiersema M F, Bantel K A. Top Management Team Demography and Corporate Strategic Change ［J］. The Academy of Management Journal, 1992, 35 (1)：91-121.

［156］李华晶, 张玉利. 高管团队特征与企业创新关系的实证研究——以科技型中小企业为例 ［J］. 商业经济与管理, 2006 (5)：9-13.

［157］Lin C, Lin P, Song F M, Li C. Managerial Incentives, CEO Characteristics and Corporate Innovation in China's Private Sector ［J］. Journal of Comparative Economics, 2011, 39 (2)：176-190.

［158］余恕莲, 王藤燕. 高管专业技术背景与企业研发投入相关性研究 ［J］. 经济与管理研究, 2014 (5)：14-22

［159］钱学洪. 董事财务背景与企业研发投入 ［J］. 东岳论丛, 2016, 37 (12)：152-159.

［160］李四海, 陈旋. 企业家专业背景与研发投入及其绩效研究——来自中国高新技术上市公司的经验证据 ［J］. 科学学研究, 2014, 32 (10)：1498-1508.

［161］Loukil N, Yousfi O, Cheikh SB. Innovation Effort and CEO's Characteristics ［J］. International Journal of Innovation Management, 2020, 24 (5).

［162］郝盼盼, 张信东, 贺亚楠. CEO研发工作经历对企业研发活动的影响研究 ［J］. 软科学, 2019, 33 (8)：7-13.

［163］李莉, 顾春霞, 于嘉懿. 国企高管政治晋升、背景特征与过度投资 ［J］. 预测, 2018, 37 (1)：29-35.

［164］陈华东. 管理者任期、股权激励与企业创新研究 ［J］. 中国软科

学，2016（8）：112-126.

[165] 王燕妮，宋婷．高管团队异质性对 R&D 投入与企业绩效调节效应研究 [J]．现代财经（天津财经大学学报），2013，33（9）：109-118.

[166] 林明，鞠芳辉，任浩．高管团队任务断裂带对探索性创新"双刃剑"作用——CEO 特征的调节效应 [J]．科研管理，2019，40（12）：253-261.

[167] 池国华，张彪．央企实施 EVA 的现状分析与启示 [J]．财务与会计（理财版），2010（7）：49-51.

[168] Narayanan M P. Managerial Incentives for Short-Term Results [J]. The Journal of Finance，1985，40（5）：1469-1484.

[169] 吴敬琏．国有大中型企业公司化改革的难点及对策 [N]．经济日报，1995-02-26.

[170] 钱颖一．企业的治理结构改革和融资结构改革 [J]．经济研究，1995（1）：20-29.

[171] 于小喆．国有企业控制权机制中的"内部人控制"问题及解决思路 [J]．财政研究，2012（11）：45-48.

[172] 青木昌彦，张春霖．对内部人控制的控制：转轨经济中公司治理的若干问题 [J]．改革，1994（6）：11-24.

[173] 钟海燕，冉茂盛，文守逊．政府干预、内部人控制与公司投资 [J]．管理世界，2010（7）：98-108.

[174] 刘银国．基于委托-代理理论的国有企业经营者激励机制研究 [J]．经济问题探索，2007（1）：155-160.

[175] Baber W R, Fairfield P M, Haggard J A. The Effect of Concern about Reported Income on Discretionary Spending Decisions：The Case of Research and Development [J]. The Accounting Review，1991，66（4）：818-829.

［176］Cooper J C, Selto F H. An Experimental Examination of the Effects of SFAS No. 2 on R&D Investment Decisions ［J］. Accounting, Organizations and Society, 1991, 16（3）：227-242.

［177］Stewart G B. Eva Works—But Not If You Make these Common Mistakes ［J］. Fortune, 1995（1）：117-125.

［178］Rogerson W P. Interemporal Cost Allocation and Managerial Investment Incentives：A Theory Explaining the Use of Economic Value Added as a Performance Measure ［J］. Journal of Political Economy, 1997, 105（4）：770-795.

［179］Stewart G B. Eva Works—But Not If You Make these Common Mistakes ［J］. Fortune, 1995（1）：117-125.

［180］Lovata L M, Costigan M L. Empirical Analysis of Adopters of Economic Value Added ［J］. Management Accounting Research, 2002, 13（2）：215-228.

［181］Xue Y. Make or Buy New Technology：The Role of CEO Compensation Contract in a Firm's Route to Innovation ［J］. Review of Accounting Studies, 2007, 12（4）：659-690.

［182］Nakahara T. Innovation in a Borderless World Economy ［J］. Research Technology Management, 1997, 40（3）：-9.

［183］Ashenfelter O. Estimating the Effect of Training Programs on Earnings ［J］. The Review of Economics and Statistics, 1978, 60（1）：47-57.

［184］陈强. 高级计量经济学及 Stata 应用 ［M］. 北京：高等教育出版社, 2014：339-343.

［185］陈林, 伍海军. 国内双重差分法的研究现状与潜在问题 ［J］. 数量经济技术经济研究, 2015（7）：133-148.

［186］刘凤委, 李琦. 市场竞争、EVA 评价与企业过度投资 ［J］. 会计研究, 2013（2）：54-62.

［187］池国华，王志，杨金．EVA 考核提升了公司价值吗？——来自中国国有上市公司的经验证据［J］．会计研究，2013（11）：60-66．

［188］Wang Yanni, Fang Weiguo. R&D Reporting Methods and Firm Value：Evidence from China［J］．Chinese Management Studies, 2014, 8（3）：375-396．

［189］袁晓玲，白天元，李政大．EVA 考核与央企创新能力：短期和长期视角［J］．当代经济科学，2013，35（6）：115-121．

［190］Armstrong C S, Core J E, Taylor D J, et al. When Does Information A-symmetry Affect the Cost of Capital？［J］．Journal of Accounting Research, 2011, 49（1）：1-40．

［191］Rosenbaum P R, Rubin D B. The Central Role of The Propensity Score in Observational Studies for Causal Effects［J］．Biometrika, 1983, 70（1）：41-55．

［192］Becker S O, Ichino A. Estimation of Average Treatment Effects Based on Propensity Scores［J］．The Stata Journal, 2002（2）：358-377．

［193］Hambrick D C, Mason P A. Upper Echelons：The Organization as a Reflection of its Top Managers［J］．Academy of Management Review, 1984, 9（2）：193-206．

［194］姜付秀，伊志宏，苏飞，黄磊．管理者背景特征与企业过度投资行为［J］．管理世界，2009（1）：130-139．

［195］李国勇，蒋文定，牛冬梅．CEO 特征与企业研发投入关系的实证研究［J］．统计与信息论坛，2012，27（1）：77-83．

［196］Bantel K, Jackson S. Top Management and Innovations in Banking：Does the Composition of the Top Team Make a Difference？［J］．Strategic Management Journal, 1989（10）：107-124．

［197］Wiersema M F, Bantel K A. Top Management Team Demography and

Corporate Strategic Change ［J］. The Academy of Management Journal，1992. 35（1）：91-121.

［198］Barber B M，Odean T. Boys will be Boys：Gender，Overconfidence，and Common Stock Investment ［J］. The Quarterly Journal of Economics，2001，116（1）：261-292.

［199］何威风，陈娥. CEO 学科背景与企业创新投入 ［J］. 财会月刊，2017（23）：16-22.

［200］Barker V L，Mueller G C. CEO Characteristics and Firm R&D Spending ［J］. Management Science，2002（48）：782-801.

［201］Miller P. Accounting Innovation Beyond the Enterprise：Problematizing Investment Decisions and Programming ［J］. Accounting Organizations & Society，1991，16（8）：733-762.

［202］卢锐. 企业创新投资与高管薪酬业绩敏感性 ［J］. 会计研究，2014（10）：36-42+96.

［203］Cheng S. R&D Expenditures and CEO Compensation ［J］. Accounting Review，2004，79（2）：305-328.

［204］张兆国，刘亚伟，杨清香. 管理者任期、晋升激励与研发投资研究 ［J］. 会计研究，2014（9）：81-88.

［205］梁彤缨，雷鹏，陈修德. 管理层激励对企业研发效率的影响研究——来自中国工业上市公司的经验证据 ［J］. 管理评论，2015，27（5）：145-156.

［206］肖星，陈婵. 激励水平、约束机制与上市公司股权激励计划 ［J］. 南开管理评论，2013，16（1）：24-32.

［207］胡艳，马连福. 创业板高管激励契约组合、融资约束与创新投入 ［J］. 山西财经大学学报，2015（8）：78-90.

［208］程翠凤. 高管股权激励、股权集中度与企业研发创新战略——基于制造业上市公司面板数据的调节效应［J］. 华东经济管理，2018，32（11）：118-125.

［209］ROSS S A. The Economic Theory of Agency：The Principal's Problem［J］. Economic Review，1973，63（2）：134-139.

［210］Rogerson W P. Interemporal Cost Allocation and Managerial Investment Incentives：A Theory Explaining the Use of Economic Value Added as a Performance Measure［J］. Journal of Political Economy，1997，105（4）：770-795.

［211］Arthur Fishman，Rafael Rob. The Size of Firms and R&D Investment［J］. International Economic Review，1997（7）：915-931.

［212］梁上坤. 股权激励强度是否会影响公司费用粘性［J］. 世界经济，2016（6）：168-192.